CATALOGUE
DES LIVRES

DE LA BIBLIOTHÉQUE

DU DUC DE RIVOLI.

CATALOGUE
DES LIVRES

DE LA BIBLIOTHÉQUE

DU DUC DE RIVOLI.

PREMIÈRE PARTIE.

HISTOIRE NATURELLE.

A PARIS,

DE L'IMPRIMERIE DE CRAPELET,

RUE DE VAUGIRARD, N° 9.

1830.

CATALOGUE
DES LIVRES

D'HISTOIRE NATURELLE

DE LA BIBLIOTHÉQUE DU DUC DE RIVOLI.

ADANSON.—Histoire naturelle du Sénégal, Coquillages, avec la relation abrégée d'un voyage fait en ce pays pendant les années 1749, 50, 51, 52 et 53; par M. Adanson. *Paris, Bauche,* 1757, in-4. fig. v. m.

AËDONOLOGIE, ou Traité du Rossignol franc ou chanteur, contenant la manière de le prendre au filet, de le nourrir facilement en cage, et d'en avoir le chant pendant toute l'année; ouvrage accompagné de remarques utiles et curieuses sur la nature de cet oiseau. *Paris, Debure,* 1773, in-12. fig. vél. vert.

AKERLY. — Elementary exercises for the Deaf and Dumb; by Samuel Akerly. *New-York,* 1821, in-8. fig. br. en cart.

ALBIN. — Histoire naturelle des Oiseaux, ornée de 306 estampes qui les représentent parfaitement au naturel, dessinées et gravées par Eleazar Albin, et augmentée de notes et de remarques curieuses par W. Derham; traduite de l'anglais. *La Haye, P. de Hondt,* 1750, in-4. fig. 3 tom. en 1 vol. v. ant. dent. à comp. tr. dor.

═ Insectorum Angliæ naturalis Historia : illustrata iconibus in centum tabulis æneis eleganter ad vivum expressis, et istis, qui id poscunt, accuratè etiam coloratis ab authore Eleazare Albin, pictore. His accedunt annotationes amplæ, et observationes plurimæ insignes, à Guil. Derham. *Londini, impensis G. Innys,* 1731, in-4. fig. color. mar. r. fil. tr. dor.

ALDROVANDI (Ulyssis) Opera omnia. *Bononiæ,* 1599 à 1668, in-fol. fig. 13 vol. mar. r. à comp. tr. dor.

ALLÉON. *Voyez* DULAC.

AMOREUX. — Notice des Insectes de la France réputés venimeux, tirée des écrits des naturalistes, des médecins et de l'observation; par M. Amoreux fils. *Paris,* 1789, in-8. dem. rel.

ANALECTA transalpina. *Venetiis,* 1762, in-8. fig. 2 vol. v. m.

ANNALES des Sciences naturelles; par MM. Audoin, Ad. Brongniart et Dumas; comprenant la Physiologie animale et végétale, l'Anatomie comparée des deux règnes, la Zoologie, la Botanique, la Minéralogie et la Géologie. *Paris, Béchet jeune,* 1824 et suiv. in-8. fig. 18 vol. et 4 atlas in-4. dem. rel.

Il paraît 3 volumes par année.

= du Muséum national d'Histoire naturelle; par les professeurs de cet établissement. *Paris,* an xi (1802) à 1827, in-4. fig. 21 vol. dem. rel. = Mémoires du Muséum d'Histoire naturelle; par les professeurs de cet établissement. *Paris,* 1815 et suiv. in-4. fig. 18 vol. dem. rel.

Cet ouvrage se continue.

ANNALI del Museo imperiale di fisica e storia naturale di Firenze per il 1808; tomo primo. *Firenze,* 1808, in-4. br. en cart.

APOLLONII Dyscoli Alexandrini, grammatici, historiæ commentitiæ liber. Joannes Meursius recensuit, syn-

tagma de ejus nominis scriptoribus, et commenta-
rium addidit. *Lugd. Bat. apud Is. Elzevirium,* 1620,
petit in-4. dem. rel. dos de mar. bl.

APOLLONII Dyscoli Alexandrini, grammatici, historiæ
commentitiæ liber, sive historiæ mirabiles græcè et
latinè, cum notis G. Xylandri et J. Meursii, emendavit
suasque notas adjecit L. H. Teucherus. *Lipsiæ,* 1792,
in-8. dem. rel. dos de mar. r. non rogné.

ARGENVILLE (Desallier d'). — La Conchyliologie, ou
Histoire naturelle des Coquilles de mer, d'eau douce,
terrestres et fossiles, avec un Traité de la Zoomor-
phose, ou représentation des animaux qui les habitent; ouvrage dans lequel on trouve une nouvelle
méthode de les diviser; par M. Desallier d'Argenville; 3ᵉ édit., dédiée au Roi par MM. de Favanne de
Montcervelle père et fils. *Paris, de Bure,* 1780,
in-4. fig. 3 vol. v. m.

= *Voyez* Histoire naturelle éclaircie.

ARISTOTE. — Histoire des Animaux d'Aristote, avec la
traduction françoise; par M. Camus. *Paris, veuve
Desaint,* 1783, in-4. 2 vol. dem. rel.

ARTEDI (Petri) Angermannia-Sueci bibliotheca ichthyologica, seu Historia litteraria ichtyhologiæ.....
emendata et aucta à J. J. Walbaum. *Grypeswaldiæ,*
1788, in-8. 3 tom. rel. en 2 vol. bas. j.

= (Petri) Sueci, medici, ichthyologia sive Opera
omnia de piscibus, scilicet : Bibliotheca ichthyologica. Philosophia ichthyologica. Genera piscium. Sy-
nonymia specierum. Descriptiones specierum : omnia in hoc genere perfectiora, quàm antcà ulla.
Posthuma vindicavit, recognovit, coaptavit et edidit
Carolus Linnæus. *Lugd. Batav.* 1738, in-8. v. m.

ATKINSON. — A compendium of the ornithology of
Great Britain, with a reference to the Anatomy and

physiology of birds; by John Atkinson. *London*, 1820, in-8. br. en cart.

AUDEBERT (J. B.). — Histoire naturelle des Singes et des Makis; par J. B. Audebert. *Paris, Lefèvre*, 1810, gr. in-fol. cart. à la Bradel.

AUDOIN. *Voyez* Annales des Sciences naturelles.

AUDUBON. — Oiseaux de l'Amérique septentrionale, peints par Audubon. *Londres*, 1828 et suiv. fig. color. format Éléph. atl.

Cet ouvrage se continue.

AZARA. — Essais sur l'histoire naturelle des quadrupèdes de la province du Paraguay; par don Félix d'Azara...., avec un appendice sur quelques reptiles....., traduits sur le manuscrit inédit de l'auteur; par M. L. E. Moreau-Saint-Méry. *Paris, Pougens*, an IX, (1801,) in-8. 2 vol. dem. rel.

BAJERI (Joh. Jacobi) Oryctographia Norica, sive rerum fossilium et ad minerale regnum pertinentium, in territorio Norimbergensi ejusque viciniâ observatarum, succincta descriptio.... *Norimbergæ*, 1708, in-4. fig. dem. rel. Thouvenin.

BAKER. — Essai sur l'histoire naturelle du Polype, insecte; par M. Henry Baker, trad. de l'angl. par M. P. Demours. *Paris*, 1744, petit in-8. fig. v. m.

BAKEWELL. — An Introduction to Geology, illustrative of the general structure of the earth; comprising the elements of the science, and an outline of the geology and mineral geography of England; by Robert Bakewell; 2d edit. *London*, 1815, in-8. fig. color. br. en cart.

BARBUT. — Les genres des Insectes de Linné, constatés par divers échantillons d'insectes d'Angleterre, copiés d'après nature; par J. Barbut (en anglais et en français). *Londres*, 1781, in-4. fig. color. mar. vert, dent. tr. dor.

Barbut.— The genera Vermium exemplified by various specimens of the animals contained in the orders of the Intestina et Mollusca Linnæi; drawn from nature; by James Barbut. *London*, 1783, in-4. fig. color. dem. rel. dos de mar. rais. de Cor. Rel. angl.

Baronio. — Degli Innesti animali di Giuseppe Baronio. *Milano*, 1804, gr. in-8. fig. cart.

Barral. — Mémoire sur l'histoire naturelle de l'isle de Corse, avec un catalogue lythologique de cette isle, et des réflexions sommaires sur l'existence physique de notre globe; par M. Barral. *Londres et Paris*, 1783, in-8. carte, br.

Barrère. — Essai sur l'histoire naturelle de la France Equinoxiale, ou dénombrement des Plantes, des Animaux et des Minéraux qui se trouvent dans l'isle de Cayenne, les isles de Remire, sur les côtes de la mer et dans le continent de la Guyanne....; par Pierre Barrère. *Paris*, 1741, in-12. bas. gr.

== Ornithologiæ specimen novum, sive series Avium in Ruscinone, Pyrenæis montibus, atque in Galliâ æquinoctiali observatarum, in classes, genera et species, novâ methodo digesta; auctore Petro Barrere. *Perpiniani*, 1745, petit in-4. fig. v. m.

Bartholini. *Voyez* Jacobæus.

Battara. *Voyez* Bonnani.

Beauvois. *Voyez* Palisot.

Bechstein.—Histoire naturelle des Oiseaux de chambre, ou Instruction pour connoître, élever, conserver et guérir toutes les espèces d'oiseaux que l'on aime à garder dans la chambre......; par M. Bechstein; trad. en franç. avec des additions, notes et observations,

par l'auteur de l'Entomologie helvétique. *Genève*,
1825, in-8. dem. rel.

BELL. *Voyez* Zoological Journal.

BELON.—L'Histoire naturelle des estranges Poissons ma-
rins avec la vraie peincture et description du daulphin,
et de plusieurs autres de son espèce, observée par
Pierre Belon, du Mans. *Paris, R. Chaudière,* 1551,
in-4. fig. dem. rel.

== La nature et diversité des Poissons, avec leurs pour-
traicts, représentez au plus près du naturel, par
Pierre Belon, du Mans. *Paris, C. Etienne,* 1555,
in-8. obl. fig. bas. rac.

== Les Observations de plusieurs singularitez et choses
mémorables, trouvées en Grèce, Asie, Judée, Egypte,
Arabie, et autres pays estranges, rédigées en trois
livres, par Pierre Belon, du Mans. Reveuz de nouveau, et augmentez de figures. *Paris, Hierosme de
Marnef,* 1588, in-4. cartes et fig. v. gr.

== Portraits d'Oyseaux, Animaux, Serpens, Herbes,
Arbres, Hommes et Femmes d'Arabie et Egypte,
observez par P. Belon, du Mans. Le tout enrichy de
quatrains, pour plus facile cognoissance des Oyseaux,
et autres Portraits..... *Paris, G. Cavellat,* 1557, pet.
in-4. fig. bas. gr. fil.

BERRYAT. *Voyez* Recueil de Pièces.

BERTRAND. — Dictionnaire universel des Fossiles propres et des Fossiles accidentels, contenant une description des terres, des sables...., des pétrifications
du règne animal....; par M. E. Bertrand. *La Haye,*
1763, in-8. 2 vol. rel. en un v. m.

== Recueil de divers Traités sur l'Histoire naturelle de
la Terre et des Fossiles, par M. E. Bertrand. *Avignon,* 1766, in-4. portr. v. m.

BIOT. — Relation d'un Voyage fait dans le départe-

ment de l'Orne, pour constater la réalité d'un mé-
téore observé à l'Aigle le 26 floréal an xi; par
J. B. Biot. *Paris, Baudouin,* an xi, in-4. carte, dem.
rel.

BIRCH. — The History of the Royal Society of London
for improving of Natural Knowledge, from its first
rise..... as a supplement to the Philosophical Transactions; by Thomas Birch. *London,* 1756 à 1757,
in-4. 4 vol. v. j.

BIRD. *Voyez* YOUNG, n. 2600.

BLAINVILLE. = Dissertation sur la place que la famille des
Ornithorhynques et des Echidnés doit occuper dans
les séries naturelles....; par H. M. Ducrotay de Blainville. *Paris,* 1812, in-4. dem. rel. Thouvenin.

= Manuel de Malacologie et de Conchyliologie....; par
H. M. Ducrotay de Blainville. *Paris, Levrault,* 1825-
1827, in-8. 2 vol. dem. rel.

= Mémoire sur les Bélemnites, considérées zoologi-
quement et géologiquement; par M. H. Ducrotay de
Blainville. *Paris, Levrault,* 1827, in-4. fig. dem. rel.
Thouvenin.

BLASII (Gerardi) Anatome animalium, terrestrium
variorum, volatilium, aquatilium, serpentum, insectorum, ovorumque, structuram naturalem ex veterum, recentiorum, propriisque observationibus
proponens, figuris variis illustrata. *Amstelodami,*
1681, in-4. fig. v. j.

BLOCH. — Ichtyologie, ou Histoire naturelle, générale
et particulière des Poissons; avec des figures enluminées, dessinées d'après nature; par Marc-Eliéser
Bloch. *Berlin,* 1785 à 1797, in-fol. gr. Pap. de Holl.
fig. color. 6 vol. v. r. fil. tr. dor.

BLUMENBACH. — Manuel d'Histoire naturelle, trad. de

l'allem. de J. Fr. Blumenbach; par Soulange Artaud. *Metz et Paris*, an xɪ-1803, in-8. fig. 2 vol. dem. rel.

BOCCONE. — Recherches et Observations naturelles de M. Boccone, gentilhomme sicilien, touchant le corail, la pierre étoilée, les pierres de figure de coquilles, la corne d'Ammon, l'astroïte undulatus, les dents de poissons pétrifiées, les hérissons altérez, l'embrasement du mont Etna, la sangsue du Xiphias, l'alcyonium stupposum, le bezoar minéral, et les plantes qu'on trouve dans la Sicile, avec quelques réflexions sur la végétation des plantes..... *Amsterdam*, 1674, pet. in-8. v. j.

BODDAERT (Petri) Epistola..... de Testudine cartilagineâ..... *Amstelodami*, 1770, in-4. fig. v. m.

= Epistola..... de Chaetodonte diacantho..... *Amstelodami*, 1772, in-4. fig. v. m.

= Epistola..... de Chaetodonte argo..... *Amstelodami*, 1770, in-4. fig. v. m.

= Epistola..... de Ranâ bicolore..... *Amstelodami*, 1782, in-4. fig. v. m.

BOHADSCH (Joann. Bapt.). De quibusdam animalibus marinis, eorumque proprietatibus, orbi litterario vel nondùm vel minùs notis, liber..... *Dresdæ*, 1761, in-4. fig. bas.

BOITARD. — Histoire naturelle des Oiseaux d'Europe; par M. Boitard. *Paris, Rousselon*, s. d. in-4. fig. br. 6 livr.

Ouvrage non terminé.

= Manuel d'Histoire naturelle, comprenant les trois règnes de la nature, ou Généra complet des animaux, des végétaux et des minéraux; par M. Boitard. *Paris, Roret*, 1827, in-18. dem. rel. Thouvenin.

= Les Pigeons de volière et de colombier, ou Histoire

naturelle et monographie des pigeons domestiques, renfermant la nomenclature et la description de toutes les races et variétés constantes connues jusqu'à ce jour....; par MM. Boitard et Corbié. *Paris,* 1824, in-8. fig. color. dem. rel.

BOMARE. — Dictionnaire raisonné universel d'Histoire naturelle, contenant l'histoire des Animaux, des Végétaux et des minéraux, et celle des corps célestes, des météores, et des autres principaux phénomènes de la nature....; par M. Valmont de Bomare. *Paris, Brunet,* 1775, in-8. 9 vol. v. f.

= Le même ouvrage, 4ᵉ édit., revue et considérablement augmentée par l'auteur. *Lyon, Bruyset,* 1791, in-4. Pap. Vél. 8 vol. dem. rel. dos de mar. r.

= Le même ouvrage, 4ᵉ édit., revue et considérablement augmentée par l'auteur. *Lyon, Bruyset,* 1791, in-8. 15 vol. v. gr. fil.

BONANNI. — Observationes circà viventia, quæ in rebus non viventibus reperiuntur. Cum micrographiâ curiosâ..... His accesserunt aliquot animalium testaceorum Icones non anteà in lucem editæ..... A patre Philippo Bonanni S. J. S. *Romæ,* 1691, in-4. fig. v. m.

= Recreatio mentis et oculi in observatione animalium testaceorum, curiosis naturæ inspectoribus italico sermone primùm proposita à P. Philippo Bonanno S. J., nunc denuò ab eodem latinè oblata, centum additis testaceorum iconibus, circà quæ varia problemata proponuntur. *Romæ, ex typographiâ Varesii,* 1684, pet. in-4. fig. v. m.

= Rerum naturalium historia, nempè quadrupedum, insectorum, piscium, variorumque marinorum corporum fossilium, plantarum exoticarum ac præsertìm testaceorum exsistentium in museo Kircheriano, edita jàm à P. Philippo Bonannio, nunc verò novâ methodo distributa, notis illustrata in tabulis reformata novisque observationibus locupletata à Johanne Antonio Battarra Ariminensi, philosophiæ professore; pars secunda. *Romæ*, 1782, in-fol. fig. cart. non rogné.

BONAPARTE. — American Ornithology; or the natural history of birds inhabiting the United States, not given by Wilson; by Charles Lucian Bonaparte. *Philadelphia*, 1825-1828, gr. in-4. Pap. Vél. fig. color. 2 vol. dem. rel. dos de mar. r.

Il doit y avoir un troisième volume.

BONNET. — Traité d'insectologie, ou Observations sur les Pucerons; par M. Charles Bonnet. *Paris*, 1745, petit in-8. v. m.

BONPLAND. *Voyez* HUMBOLDT.

BORELLI (Joh. Alphonsi) de motu animalium, pars prima; editio nova, à plurimis mendis repurgata, ac dissertationibus physico-mechanicis de motu musculorum, et de effervescentiâ, et fermentatione, clarissimi viri Joh. Bernouillii.... aucta, et ornata. *Hagæ Comitum*, 1743, in-4. fig. 2 tom. en 1 vol. v. m.

BORN. — Catalogue méthodique et raisonné de la collection des fossiles de Mlle Éléonore de Raab; par M. de Born. *Vienne*, 1790, in-8. 2 vol. v. rac. fil.

= Ignatii à Born, index rerum naturalium musei Cæsarei Vindobonensis, pars 1ma testacea. *Vindobonæ*, 1778, in-8. dem. rel. Thouvenin.

= Testacea musei Cæsarei Vindobonensis, quæ jussu Mariæ Theresiæ Augustæ disposuit et descripsit Ignatius à Born. *Vindobonæ*, 1780, in-fol. fig. color. mar. r. dent. doublé de tab. tr. dor.

BOSC. — Histoire naturelle des coquilles, contenant leur description, les mœurs des animaux qui les habitent et leurs usages....; par L. A. G. Bosc; 2e édit.

augmentée d'une table alphabétique, de toutes les
espèces mentionnées dans cet ouvrage, avec les sy-
nonimies de M. Lamarck. *Paris, Verdière,* 1824,
in-18. fig. 5 vol. dem. rel. Thouvenin.

Bosc. — Histoire naturelle des vers, contenant leur des-
cription et leurs mœurs....; par L. A. G. Bosc; 2ᵉ éd.
Paris, Roret, 1827, in-18. fig. 3 vol. dem. rel.
Thouvenin.

= *Voyez* Buffon.

Boussueti (Francisci) de naturâ aquatilium carmen,
in universam Gulielmi Rondeletii..... quam de piscibus marinis scripsit historiam : cum vivis eorum
imaginibus, opusculū nunc primùm in lucē emis-
sum. *Lugduni,* 1558, in-8. fig. v. f.

Bowdich. — An analysis of the natural classifications
of Mammalia, for the use of students and travellers;
by T. Edward Bowdich. *Paris,* 1821, in-8. fig.
carton.

= Excursions dans les isles de Madère et de Porto-
Santo, faites dans l'automne de 1823 pendant son
troisième voyage en Afrique; par feu T. E. Bowdich.....; ouvrage trad. de l'angl. et accompagné de
notes de M. le baron Cuvier et de M. de Humboldt.
Paris, 1826, in-8. pap. vél. et atlas in-4. carton.

Bowles. — Introduzione alla storia naturale e alla
geografia fisica di Spagna di Guglielmo Bowles pub-
blicata e comentata dal cavaliere D. Giuseppe Nic-
cola d'Azara e dopo la seconda edizione spagnuola
più arricchita di note; tradotta da Francesco Milizia.
Parma, della stamperia reale, 1783, in-8. gr. pap.
dem. rel. dos de mar. r.

Brard. *Voyez* Lamarck.

Breislak. — Institutions géologiques; par Scipion
Breislak, trad. du manuscrit italien en français par

P. J. L. Campmas. *Milan,* 1818, in-8. 3 vol. et atlas in-4. br.

BREISLAK. — Introduzione alla Geologia di Scipione Breislak. *Milano*, 1811, in-8. fig. 2 vol. dem. rel.

BREZ. — La Flore des Insectophiles, précédée d'un discours sur l'utilité des insectes et de l'étude de l'insectologie; par Jaques Brez. *Utrecht,* 1791, in-8. dem. rel. Thouvenin.

BRISSON. — Ornithologie, ou Méthode contenant la division des oiseaux en ordres, sections, genres, espèces et leurs variétés, à laquelle on a joint une description exacte de chaque espèce....; par M. Brisson (en lat. et en franç.). *Paris,* 1760, in-4. fig. 6 vol. v. éc. fil.

= Le Règne animal divisé en 9 classes, ou Méthode contenant la division générale des animaux en 9 classes, et la division particulière des deux premières classes, sçavoir : de celle des quadrupèdes et de celle des cétacées, en ordres, sections, genres et espèces, auxquelles on a joint une courte description de chaque espèce.....; par M. Brisson. *Paris,* 1756, in-4. fig. dem. rel.

BRITISH (The) bird fancier, containing instructions for taking, chusing, feeding, breeding, rearing, curing their distempers..... of all the British song and other birds that are thought worthy of being caged..... *London*, 1824, in-8. fig. color. br.

BRITISH Zoology; (by Pennant). *London*, 1768, in-8. fig. 4 vol. br.

BROCCHI.—Conchiologia fossile subapennina, con osservazioni geologiche sugli Apennini e sul suolo adjacente, di G. Brocchi. *Milano,* 1814, in-4. fig. 2 vol. dem. rel.

BRONGNIART (Ad.). *Voyez* Annales des Sciences naturelles.

BRONGNIART (Alexandre). — Histoire naturelle des crustacés fossiles, sous les rapports zoologiques et géologiques; savoir : les Trilobites, par Alexandre Brongniart; les Crustacés proprement dits, par Anselme-Gaëtan Desmarest. *Paris*, 1822, in-4. fig. dem. rel. Thouvenin.

= Traité élémentaire de Minéralogie, avec des applications aux arts....; par Alexandre Brongniart. *Paris*, 1807, in-8. fig. 2 vol. dem. rel.

= *Voyez* CUVIER.

BROOKES. — An introduction to the study of Conchology : including observations on the Linnæan genera, and on the arrangement of M. Lamarck....; by Samuel Brookes. *London*, 1815, in-fol. pap. vél. fig. color. dem. rel. de mar. olive.

BROUSSONNET (P. M. Augusti) Ichthyologia sistens piscium descriptiones et icones. *Londini, Parisiis*, s. d. gr. in-4. fig. dem. rel. Thouvenin.

BROWN (Pierre). — Nouvelles illustrations de Zoologie, contenant 5o planches enluminées d'oiseaux curieux, et qui non etés (*sic*) jamais descrits, et quelques de quadrupedes, de reptiles et d'insectes, avec de courtes descriptions systematiques (en angl. et en franç.); par Pierre Brown. *Londres*, 1776, in-4. fig. color. v. gr. dent.

BROWN (Thomas). — The Elements of Conchology, or natural history of shells : according to the Linnean system; with observations on modern arrangements; by Thomas Brown. *London*, 1816, in-8, fig. color. br. en cart.

BRUGMANS (Sebaldi Justini) Lithologia groningana, juxtà ordinem Wallerii digesta, cum synonimis aliorum , imprimìs Linnæi et Cronstedii..... *Groningæ*, 1781, in-8. dem. rel. Thouvenin.

BUCHANAN. *Voyez* HAMILTON.

BUC'HOZ. — Amusemens des dames dans les oiseaux de volière, ou traité des oiseaux qui peuvent servir d'amusement au beau sexe; par M. Buc'hoz. *Paris,* 1782, in-12. v. gr. fil.

= Dons (les) merveilleux et diversement coloriés de la nature dans le règne animal, ou Collection d'animaux précieusement coloriés, pour servir à l'intelligence de l'histoire générale et œconomique des trois règnes ; par M. Buc'hoz. *Paris,* 1782, in-fol. fig. color. v. éc. fil. tr. dor.

= Première (et seconde) centurie de Planches enluminées et non enluminées, représentant au naturel ce qui se trouve de plus intéressant et de plus curieux parmi les animaux, les végétaux et les minéraux, pour servir d'intelligence à l'histoire générale des trois règnes de la nature; par M. Buc'hoz. *Paris,* s. d. in-fol. fig. noires et color. 4 vol. v. éc. fil. tr. dor.

= Traité de la Pêche, ou l'art de soumettre les Poissons à l'empire de l'homme, précédé de l'histoire naturelle de ces animaux; par M. Buc'hoz. *Paris,* 1786, in-12. v. m.

BUFFON. — Histoire naturelle, générale et particulière, avec la description du cabinet du Roy; par MM. de Buffon et Daubenton, et continuée par M. de Lacépède. *Paris, de l'Impr. Roy.,* 1749 et années suivantes, in-4. fig. 44 vol. dem. rel.

Cet exemplaire, de première édition, a les figures doubles avec et avant la lettre; les contre-épreuves de ces mêmes figures, et toutes les planches qui ont été gravées, avec des changemens. Il y a cependant quelques pièces qui ne sont pas avant la lettre, mais des six ou huit premières épreuves.

BUFFON. — Planches des Quadrupèdes, des Oiseaux, des Amphibies, Reptiles et Poissons, pour les OEuvres de Buffon et de Lacépède. Gr. in-4. avant la lettre, 6 vol. v. gr. fil. tr. dor.

= Les Animaux quadrupèdes et leurs squelettes compris dans l'Histoire naturelle de M. de Buffon. *Paris,* 1767, gr. in-4. v. m. tr. dor.

> Ce vol. se compose des gravures des quadrupèdes et de leurs squelettes ; épreuves de graveur sur gr. pap., et presque toutes avant la lettre. C'est l'exemplaire de Buffon.

= Collection des Animaux quadrupèdes de Buffon, formant 362 planches d'animaux, coloriées, servant à toutes les éditions des OEuvres de cet auteur, classées par ordres et genres sur le système animal de Linné..... *Paris, hôtel de Thou,* in-4. fig. color. 2 vol. dem. rel. dos de mar. rouge.

= Histoire naturelle, générale et particulière ; par Leclerc de Buffon ; nouvelle édition, accompagnée de notes, et dans laquelle les supplémens sont insérés dans le premier texte, à la place qui leur convient. L'on y a ajouté l'histoire naturelle des quadrupèdes et des oiseaux découverts depuis la mort de Buffon ; celle des reptiles, des poissons, des insectes et des vers ; enfin l'histoire des plantes dont ce grand naturaliste n'a pas eu le temps de s'occuper. Ouvrage formant un cours complet d'Histoire naturelle ; rédigé par C. S. Sonnini. *Paris, F. Dufart,* an VII à 1808, in-8. Pap. Vél. fig. doubles, noires et color., 127 vol. dem. rel. dos de mar. r.

= Histoire naturelle de Buffon, classée par ordres, genres et espèces, d'après le système de Linné, avec les caractères génériques et la nomenclature linnéenne ; par René-Richard Castel. Nouvelle édition, 31 vol. = Histoire naturelle des Poissons, avec les figures dessinées d'après nature par Bloch. Ouvrage classé par ordres, genres et espèces, d'après le système de Linné, avec les caractères génériques; par René-Richard Castel, 10 vol. = Histoire naturelle des Reptiles....; par C. S. Sonnini et P. A. Latreille, 4 vol. = Histoire naturelle des Insectes....; par F. M. G. T. de Tigny. 10 vol. = Histoire naturelle des Crustacés....; par L. A. G. Bosc. 2 vol. = Histoire naturelle des Coquilles....; par L. A. G. Bosc. 5 vol. = Histoire naturelle des Vers....; par L. A. G. Bosc. 3 vol. = Histoire naturelle des Végétaux; par J. B. Lamarck et par B. Mirbel. 15 vol. En tout 80 vol. in-18. *Paris, Déterville*, an x-1802 à l'an xi-1803, fig. color. v. rac. fil. tr. dor.

BUFFON. — OEuvres complètes de Buffon, mises en ordre par M. le comte de Lacépède; seconde édition. *Paris, Rapet,* 1819 à 1822, in-8. Pap. Vél. fig. color. 25 vol. dem. rel. dos de mar. vert. Thouvenin.

= Collection des planches d'Animaux pour les OEuvres de Buffon, publiées par M. le comte de Lacépède, et pour celles de M. de Lacépède. *Paris, Rapet,* 1817 à 1819, in-8. Pap. Vél. fig. doubles en noir, et coloriées. 3 vol. carton.

= Abrégé de l'Histoire naturelle, d'apès (*sic*) Buffon, classé par ordre, genres et espèces, selon le système de Linné;.... (par J. B. Rousseau.) *Paris, Martin,* an xi-1802, in-8. fig. 4 vol. dem. rel. dos de mar. r.

= Buffon's natural history abridged; a new edition, by the Rev. W. Hutton. *London,* 1821, in-8. fig. 2 vol. br. en cart.

= Histoire naturelle des Oiseaux; (par Buffon.) *Paris, de l'Impr. Roy.* 1771 à 1786, in-fol. fig. color. mar. vert, fil. tr. dor.

= Indexes to the Ornithologie of the comte de Buffon, and the planches enluminées. Histoire naturelle des Oiseaux, par le comte de Buffon, and les planches enluminées, systematically disposed; (by Pennant.) *London,* 1786, in-4. fig. br.

BUFFON. — Manuel du Naturaliste. Ouvrage utile aux voyageurs, et à ceux qui visitent les cabinets d'Histoire naturelle et de Curiosités; en forme de dictionnaire, pour servir de suite à l'Histoire naturelle; par M. de Buffon. *Paris, de l'Impr. Roy.* 1771, in-12. 2 vol. bas. m.

BULLETIN des Sciences; par la Société philomathique de Paris. *Paris,* 1791 à l'an XIII. In-4. fig. 3 vol. reliés en 2, v. m. = Nouveau Bulletin des Sciences; par la Société philomathique de Paris. *Paris, Bernard,* 1807 à 1826, in-4. fig. 16 vol. Les 10 premiers rel. en 6, v. m. les autres brochés.

BULLETIN des Sciences naturelles et de Géologie. Deuxième section du Bulletin universel des Sciences et de l'Industrie; publié sous la direction de M. le baron de Férussac. *Paris,* 1824 à 1828, 15 vol. dem. rel.

Cet ouvrage se continue.

BURROW. — Elements of Conchology, according to the Linnæan system; by the Rev. E. J. Burrow. *London,* 1825, in-8. pl. color. v. bl. dent. tr. dor. Bibolet.

BURTIN. — Oryctographie de Bruxelles, ou description des Fossiles, tant naturels qu'accidentels, découverts jusqu'à ce jour dans les environs de cette ville; par M. François-Xavier Burtin. *Bruxelles,* 1784, in-fol. gr. pap. de Holl. fig. color. mar. vert, dent. tr. dor.

CAMPER. — Description anatomique d'un Éléphant mâle; par Pierre Camper; publiée par son fils A. G. Camper. *Paris, Jansen,* an XI-1802, gr. in-fol. fig. dem. rel.

= Discours prononcés par feu M. Pierre Camper, en

l'Académie de dessin d'Amsterdam, sur le moyen de représenter d'une manière sûre les diverses passions qui se manifestent sur le visage; sur l'étonnante conformité qui existe entre les Quadrupèdes, les Oiseaux, les Poissons, et l'homme; et enfin sur le beau physique; publiés par son fils Adrien-Gilles Camper; trad. du holland. par Denis Quatremère d'Isjonval. *Utrecht*, 1792, in-4. fig. dem. rel. Thouvenin.

CAMPER. — Dissertation sur les variétés naturelles qui caractérisent la physionomie des hommes des divers climats et des différens âges, suivie de réflexions sur la beauté...., avec une manière nouvelle de dessiner toute sorte de têtes avec la plus grande exactitude. Ouvrage posthume de M. Pierre Camper; trad. du holl. par H. J. Jansen. On y a joint une dissertation, du même auteur, sur la meilleure forme des souliers. *Paris,* 1791, in-4. fig. dem. rel. Thouvenin.

= Observations anatomiques sur la structure intérieure et le squelette de plusieurs espèces de cétacés; par Pierre Camper; publiées par son fils, Adrien-Gilles Camper, avec des notes par M. G. Cuvier..... *Paris*, 1820, in-4. dem. rel. et atlas in-fol. br. en cart.

= OEuvres de Pierre Camper, qui ont pour objet l'Histoire naturelle, la Physiologie et l'Anatomie comparée. *Paris, Jansen,* an XI-1803, in-8. 3 vol. et atlas in-fol. dem. rel.

CAPPELLERII (Maur. Antonii) Pilati Montis Historia in pago Lucernensi Helvetiæ siti. *Basileæ,* 1767, in-4. cart. et fig. dem. rel.

CARPENTER. — Scripture natural History : or, a descriptive Account of the Zoology, Botany, and Geology of the Bible; by William Carpenter. *London,* 1828, in-8. fig. sur bois, pap. vél. br. en cart.

CASTEL. *Voyez* BUFFON.

CATALOGUE de la Collection de Coléoptères de M. le baron Dejean. *Paris,* 1821, in-8. dem. rel. Thouvenin.

CATALOGUE systématique et raisonné des Curiosités de la nature et de l'art, qui composent le cabinet de M. Davila. *Paris,* 1767, in-8. fig. v. m.

CATALOGUE systématique et raisonné, ou Description du magnifique cabinet appartenant ci-devant à M. le C. de *** (le comte de Latour-d'Auvergne)....; par M. de *** (Favanne de Montcervelle). *Paris,* 1784, in-8. fig. dem. rel.

CATESBY. — The natural History, etc..... Histoire naturelle de la Caroline, de la Floride, et des îles de Bahama, contenant les desseins des Oiseaux, des Animaux, des Poissons, des Serpens, des Insectes et des Plantes qui se trouvent dans ces pays-là; et en particulier, des Arbres des forêts, Arbrisseaux, et autres plantes, qui n'ont point été descrits jusques à présent par les auteurs, ou qui ont été peu exactement dessinés; avec leurs descriptions en franç. et en angl.....; par feu M. Marc Catesby, et revu par M. Edwards. *London, March,* 1754, gr. in-fol. fig. color. 2 vol. mar. r. fil. tr. dor.

⹀ Piscium, serpentum, insectorum aliorumque nonnullorum animalium nec non plantarum quarundam imagines, quas Marcus Catesby in posteriore parte splendidi illius operis quo Carolinæ, Floridæ et Bahamensium insularum tradidit historiam naturalem ejusque appendice descripsit, additis verò imaginibus piscium tàm nostratium quàm aliarum regionum auxerunt, vivisque coloribus pictas ediderunt Nicolaus Fridericus Eisenberger et Georgius Lichtensteger. *Norimbergæ,* 1750, gr. in-fol. fig. color. v. m. fil. tr. dor.

CAVANILLES. — Observaciones sobre la Historia natural, geografia, agricultura, poblacion y frutos del
reyno de Valencia; por Don Antonio Josef Cavanilles. *En Madrid, en la Imprenta Real,* año de
1795, in-fol. fig. 2. vol. dem. rel.

CERUTUS. — Nomenclator rerum singularium quæ in
musœo Franc. Calceolari Veronæ asservantur : in sex
sectiones distributus.....; auctore Benedicto Ceruto.
Veronæ, 1622, in-fol. fig. v. br.

CÉTACÉES des mers du Japon. 12 feuilles in-fol. avec
des figures dessinées à l'encre de Chine.

CHABRIOL. — Essai géologique et minéralogique sur les
environs d'Issoire, département du Puy-de-Dôme,
et principalement sur la montagne de Boulade, avec
la description et les figures lithographiées des ossemens fossiles qui y ont été recueillis; par J. S.
Devèze de Chabriol et J. B. Bouillet. *Clermont-
Ferrand,* 1827, in-fol. carte et fig. dem. rel. dos
de cuir de Russie.

CHEMNITZ. — Von einem Geschlechte vielschalichter
Conchylien mit sichtbaren Gelenken, welche beym
Linne Chitons heissen. Eine Abhandlung welche den
18 Februar 1784 bey der Versammlung der Königlich-
Dänischen Gesellschaft der Wissenschaften, als sie
sich mit der Gegenwart des Durchlauchtigsten re-
gierenden Herzogs Carl Eugens von Würtenberg
beehret gesehen vorgelesen und nunmehro stark
vermehret und erweitert herausgegeben worden von
Johann Hieronymus Chemnitz. *Nürnberg,* 1784,
in-4. fig. color. br.

= *Voyez* MARTINI et RUMPH.

CHIAJE (delle). — Memorie sulla Storia e Notomia
degli animali senza vertebre del regno di Napoli di
Stefano delle Chiaje. *Napoli,* 1823, in-4. fig. 2 vol.
dem. rel. Thouvenin.

CHILDREN. *Voyez* ZOOLOGICAL JOURNAL.

CHOIX de curiosités tirées des trésors de la nature, des sciences et arts, biographie, histoire, etc. trad. de l'angl. *Paris, Rosa,* 1822, in–12. fig. dem. rel. Thouvenin.

CLERCK (Caroli) Icones Insectorum rariorum, cum nominibus eorum trivialibus, locisque è C. Linnæi, syst. nat. allegatis. *Holmiæ,* 1759, in-4. fig. color. mar. r. dent. tr. dor.

== Aranei suecici, descriptionibus et figuris æneis illustrati, ad genera subalterna redacti, speciebus ultrà 60 determinati. *Stockholmiæ,* 1757, in-4. fig. color. dem. rel.

CLOQUET. — Anatomie des Vers intestinaux, ascaride, lombricoïde et échinorhynque géant; par Jules Cloquet. *Paris, Crevot,* 1824, in-4. fig. dem. rel. Thouvenin.

COLUMNA. *Voyez* SCILLA.

COMPLETE (The) Dog fancier, or general history of Dogs..... including their properties; disorders peculiar to them, with the best method of cure..... *London,* 1824, in-8. fig. color. br.

COMPLETE (The) Pigeon fancier, with instructions for breeding, rearing, feeding, and coupling pigeons..... Likewise describing the various fancy pigeons, together with their natural history. *London,* in-8. fig. color. br.

CONCHOLOGIST's (The) Companion; comprising the instincts and constructions of testaceous animals; with a general sketche of those extraordinary productions which connect the vegetable and animal kingdoms; by the author of « select female Biography.» *London,* 1824, in-12. fig. carton.

CONCHYLIOLOGIE nouvelle et portative, ou Collection
de Coquilles propres à orner les cabinets des curieux
de cette partie de l'Histoire naturelle, mises en ordre
alphabétique, avec les notes des endroits d'où elles se
tirent.....; (par Dezallier d'Argenville). *Paris, Re-
gnard,* 1767, petit in-12. bas. gr.

COQUEBERT. — Illustratio iconographica Insectorum
quæ in Musæis parisinis observavit et in lucem edidit Joh. Christ. Fabricius, præmissis ejusdem descriptionibus; accedunt species plurimæ, vel minùs
aut nondùm cognitæ; auctore Antonio Joanne Coquebert. *Parisiis,* anno VII–anno XII (1804), in-4.
fig. color. 3 part. carton.

CORBIÉ. *Voyez* BOITARD.

COSTA (da). — Historia naturalis Testaceorum Britan-
niæ, or the British conchology; containing the descriptions and other particulars of natural History of
the Shells of Great Britain and Ireland....; in english
and french; by Emanuel Mendes da Costa. *London,*
1778, in-4. fig. color. dem. rel.

COSTE. — Manuel d'Histoire naturelle, ou Tableaux
systématiques des trois règnes, minéral, végétal et
animal....., rédigé par le P. Coste. *Paris,* 1787, in-8.
bas. m.

COTTON. *Voyez* WALTON.

COYETT. *Voyez* POISSONS.

CRABB. — Universal technological Dictionary, or familiar explanation of the terms used in all arts and
sciences, containing definitions drawn from the original writers, and illustrated by plates, etc.; by
George Crabb. *London, Baldwin,* 1823, in-4. fig.
2 vol. dem. rel. dos de mar. raisin de Corinthe. Thouvenin.

CRAMMER. — Papillons exotiques des trois parties du monde, l'Asie, l'Afrique et l'Amérique, rassemblés et décrits par M. Pierre Crammer (en holl. et en franç.). *Amsteldam,* 1779 à 1782, in-4. fig. color. 4 vol. rel. en 8 dem. rel. dos de mar. r. non rognés.

= Le même ouvrage, même édition. In-4. fig. color. 4 vol. mar. r. dent. tr. dor. = Supplément à l'ouvrage intitulé : les Papillons exotiques des trois parties du monde, l'Asie, l'Afrique et l'Amérique; par M. Pierre Crammer, contenant les figures exactes des chenilles et des chrysalides de Surinam, comme celles de plusieurs rares et nouvelles découvertes papillons et phalènes; rassemblées et décrits par M. C. Stoll. *Amsteldam,* 1791, in-4. fig. color. mar. r. dent. tr. dor.

CROIZET. — Recherches sur les ossemens fossiles du département du Puy-de-Dôme; par l'abbé Croizet et Jobert aîné. *Paris,* 1828, in-4. fig. br.
Cet ouvrage se continue.

CROUCH. — An illustrated introduction to Lamark's conchology, contained in his Histoire naturelle des animaux sans vertèbres; being a literal translation of the descriptions of the recent and fossil genera...; by Edmund A. Crouch. *London,* 1826, gr. in-4. fig. color. dem. rel. dos de cuir de Russie. Thouvenin.

CROUPIÈRE (LA). — Manuel de l'amateur des oiseaux de chambre, contenant la manière de prendre à la chasse, de nourrir, d'apprivoiser....., de conserver enfin tous les oiseaux qu'on recherche pour sa propre satisfaction, avec la description de ces oiseaux, leurs qualités et leurs mœurs; par M. La Croupière. *Paris,* 1829, in-18. fig. color. br.

CUBIÈRES. — Histoire abrégée des Coquillages de mer, de leurs mœurs et de leurs amours; par M. le marquis de Cubières. *Versailles*, 1799, in-4. fig. dem. rel.

CURTIS. — Fundamenta Entomologiæ, or an Introduction to the knowledge of Insects. Being a translation of the Fundamenta Entomologiæ of Linnæus....; by W. Curtis. *London*, 1772, in-8. fig. br.

CUVIER (F.). — Des dents des Mammifères, considérées comme caractères zoologiques; par M. F. Cuvier. *Strasbourg et Paris*, 1825, in-8. fig. 1 vol. rel. en 2 dem. rel.

= *Voyez* GEOFFROY SAINT-HILAIRE.

CUVIER (G.). — Tableau élémentaire de l'histoire naturelle des animaux; par G. Cuvier. *Paris*, an VI, in-8. fig. bas. rac.

= Le même ouvrage. Pap. vél. dem. rel. dos de cuir de Russie.

= Leçons d'anatomie comparée, de G. Cuvier; recueillies et publiées sous ses yeux par C. Duméril. *Paris, Baudouin,* an VIII à l'an XIV, 1805, in-8. 5 vol. dem. rel.

= Rapport historique sur les progrès des sciences naturelles depuis 1789, et sur leur état actuel.....; rédigé par M. Cuvier. *Paris, Impr. impér.* 1810, in-8. br.

= Le même ouvrage; nouv. édit. *Paris*, 1827, in-8. dem. rel. Thouvenin.

= Le règne animal distribué d'après son organisation, pour servir de base à l'histoire naturelle des animaux et d'introduction à l'anatomie comparée; par M. Cuvier (et Latreille). *Paris, Déterville,* 1817, in-8. fig. 4 vol. dem. rel.

= Le même ouvrage; nouvelle édition, revue et augmentée. *Paris, Déterville,* 1829, in-8. fig. 5 vol. br.

= The animal kingdom arranged in conformity with

its organisation; by the baron Cuvier. With additional descriptions of all the species hitherto named, and of many not before noticed; by Edward Griffith, and Others. *London,* 1827, and follow. in-8. gr. pap. fig. color.; les 5 premiers vol. dem. rel. dos de mar. rais. de Cor. Thouvenin. Le reste br.

Cet ouvrage se continue.

CUVIER (G.). — Mémoires pour servir à l'histoire et à l'anatomie des Mollusques; par M. le chevalier Cuvier. *Paris, Déterville,* 1817, in-4. pap. vél. fig. v. ant. dent. tr. dor. Thouvenin.

= Recherches sur les ossemens fossiles, où l'on rétablit les caractères de plusieurs animaux dont les révolutions du globe ont détruit les espèces; par M. le baron G. Cuvier; nouv. édit. entièrement refondue et considérablement augmentée. *Paris, Dufour et d'Ocagne,* 1821-1823, in-4. fig. 5 tom. en 7 vol. in-4. br. en cart.

= Discours sur les révolutions de la surface du globe et sur les changemens qu'elles ont produits dans le règne animal; par M. le baron G. Cuvier. *Paris,* 1826, in-4. portr. dem. rel. Thouvenin.

= Description géologique des environs de Paris; par MM. G. Cuvier et Alex. Brongniart; nouvelle édition, dans laquelle on a inséré la description d'un grand nombre de lieux de l'Allemagne, de la Suisse, de l'Italie, etc. qui présentent des terrains analogues à ceux du bassin de Paris; par Mr Alex. Brongniart. *Paris,* 1822, in-4. fig. dem. rel. Thouvenin.

= *Voyez* GUÉRIN et LACÉPÈDE.

DAIGUE. — Singulier traicte côtenát la propriete des tortues, escargotz, grenoilles et artichaultz; compose par Estienne Daigue, escuyer, seigneur de Beauluais en Berry. *Galliot du Pré,* pet. in-4. mar. r. dent.

DARLUC. — Histoire naturelle de la Provence, contenant ce qu'il y a de plus remarquable dans les règnes végétal, minéral, animal, et la partie géoponique; par M. Darluc. *Avignon,* 1784, in-8. dem. rel. Thouvenin.

DAUDIN. — Traité élémentaire et complet d'Ornithologie, ou Histoire naturelle des Oiseaux; par F. M. Daudin. *Paris,* 1800, an VIII, in-4. fig. 2 vol. dem. rel. Thouvenin.

DEBRUN. — Tableau méthodique de tous les genres de productions naturelles qui se trouvent en France; par M. Debrun des Beaumes. *Paris,* 1822, in-8. br.

DELALAUZE. — Traités sur l'éducation des Abeilles et des Vers à soie; par C. F. A. Delalauze. *Paris,* 1809, in-8. fig. v. f. fil.

DELAMÉTHERIE. — Considérations sur les êtres organisés; par J. C. Delamétherie. *Paris, Courcier,* an XIII–1804 à 1806, in-8. fig. 3 vol. dem. rel. Thouvenin.

DELARBRE. — Essai zoologique, ou Histoire naturelle des animaux sauvages quadrupèdes, et oiseaux indigènes; de ceux qui ne sont que passagers ou qui paraissent rarement, et des poissons et amphibies, observés dans cette ci-devant province d'Auvergne; par A. Delarbre. *Clermont-Ferrand,* 1797, in-8. dem. rel. Thouvenin.

DELEUZE. — Histoire et description du Muséum royal d'Histoire naturelle; par M. Deleuze. *Paris,* 1823, in-8. gr. pap. fig. 2 vol. dem. rel.

DEMERSON. — La Géologie enseignée en vingt-deux leçons, ou Histoire naturelle du globe terrestre....; par J. L. Demerson. *Paris,* 1829, in-12. fig. dem. rel. Thouvenin.

Derham. *Voyez* Albin, n° 497.

Descourtilz.—Voyages d'un naturaliste, et ses observations faites dans les trois règnes de la nature, dans
plusieurs ports de mer français, en Espagne, au
continent de l'Amérique septentrionale, à Saint-Yago
de Cuba et à Saint-Domingue.....; par M. E. Descourtilz. *Paris*, 1809, in-8. fig. color. 3 vol. dem.
rel. Thouvenin.

Description du Cabinet roial de Dresde, touchant
l'histoire naturelle; (par Eulenburg). *Dresde*, 1755,
in-4. fig. v. m.

Descriptiones Tubulorum marinorum, in quorum
censum relati Lapides Caudæ Cancri, Gesneri et his
similes; Belemnitæ; eorumque alveoli. Secundùm
dispositionem musei Kleiniani. Addita est dissertatio
epistolaris de Pilis Marinis. *Gedani*, 1731, in-4.
dem. rel. Thouvenin.

Description (A) of more than three hundred animals.
Interpersed with entertaining anecdotes, and interesting quotations from ancient and modern authors.
To which is added an appendix, on allegorical and
fabulous animals; a new edit. revised and much enlarged. *London*, 1829, in-8. fig. sur bois, carton.

Description physique de la contrée de la Tauride, relativement aux trois règnes de la nature....; traduite
du russe en français (par le prince Galitzin), et enrichie de notes. *La Haye*, 1788, in-8. dem. rel.

Deshayes. — Description des Coquilles fossiles des
environs de Paris; par G. P. Deshayes. *Paris*, 1824
et suiv. in-4. fig. br. 13 livr,
Cet ouvrage se continue.

Desmarest. *Voyez* Brongniart.

Desmoulins. — Histoire naturelle des races humaines

du nord-est de l'Europe, de l'Asie boréale et orientale, et de l'Afrique australe.....; par A. Desmoulins. *Paris*, 1826, in-8. fig. dem. rel. Thouvenin.

DESVOIDY. — Recherches sur l'organisation vertébrale des Crustacés, des Arachnides et des Insectes; par J. B. Robineau-Desvoidy. *Paris*, 1828, in-8. fig. dem. rel.

DEVÈZE. *Voyez* CHABRIOL.

DICTIONNAIRE classique d'Histoire naturelle; par MM. Audouin, Isid. Bourdon, Ad. Brongniart, De Candolle, Daudebard de Férussac, A. Desmoulins, Drapiez, Edwards, Flourens, Geoffroy de Saint-Hilaire, A. de Jussieu, Kunth, G. de La Fosse, Lamouroux, Latreille, Lucas fils, Presle-Duplessis, C. Prévost, A. Richard, Thiébaut de Bernéaud et Bory de Saint-Vincent; ouvrage dirigé par ce dernier collaborateur.... ....*Paris*, 1822 et suiv. in-8. 14 vol. et 14 cah. de pl. br.

Cet ouvrage se continue.

DICTIONNAIRE des Merveilles de la Nature; par A. J. S. D. (Sigaud de La Fond); nouv. édit. *Paris*, an x, (1802,) in-8. 3 vol. v. rac.

DICTIONNAIRE des Sciences naturelles....; par plusieurs professeurs du Jardin du Roi et des principales écoles de Paris. *Strasbourg et Paris*, 1816 et années suiv. in-8, et fig. in-4. doubles, en noir et coloriées, 51 vol. de texte et 51 cah. de pl. br.

Cet ouvrage se continue.

DICTIONNAIRE raisonné et abrégé d'Histoire naturelle; par d'anciens professeurs (par Jolyclerc). *Paris*, 1807, in-8. 2 vol. v. rac.

DICTIONNAIRE raisonné et universel des Animaux, ou le Règne animal, consistant en Quadrupèdes, Cétacées, Oiseaux, Reptiles, Poissons, Insectes, Vers,

Zoophytes ou Plantes animales...; par M. D. L. C. D. B. (de La Chenaye Des Bois.) *Paris, Bauche,* 1759, in-4. 4 vol. v. f. fil.

DILLWYN. — A Descriptive Catalogue of Recent Shells, arranged according to the Linnæan Method; with particular attention to the synonymy; by Lewis Weston Dillwyn. *London, Arch.,* 1817, in-8. 2 vol. v. ant. Bibolet.

DISCOURS. *Voyez* LAMARCK.

DISJONVAL — De l'Aranéologie, ou sur la découverte du rapport constant entre l'apparition ou la disparition, le travail ou le repos, le plus ou le moins d'étendue des toiles et des fils d'attache des araignées de différentes espèces, et les variations atmosphériques du beau temps à la pluie, du sec à l'humide, mais principalement du chaud au froid, et de la gelée à glace au véritable dégel; par Quatremère Disjonval. *Paris, Fuchs,* an v, (1797,) in-8. fig. cartonné.

DISSERTATION physique à l'occasion du Nègre blanc. *Leyde,* 1744, in-12. carton.

DOMESTIC (the) Poultry Instructor; being a complete guide to the Breeding, Feeding, Fattening, and Management of Domestic Poultry.... *London, Hughes,* in-8. fig. color. br.

DONATI. — Essai sur l'Histoire naturelle de la mer Adriatique; par le docteur Vitaliano Donati; avec une Lettre du docteur Léonard Sesler, sur une nouvelle espèce de Plante terrestre; traduit de l'italien. *La Haye, De Hondt,* 1758, in-4. fig. v. m.

= Le même ouvrage. Fig. color. in-4. v. m.

DONOVAN. — The natural History of British Birds, or a selection of the most rare, beautiful, and inte-

resting Birds which inhabit this country....; by
E. Donovan. *London, the author,* 1794 à 1819,
in-8. fig. color. 10 vol. br. en cart.

DONOVAN.—The natural History of British Shells, including Figures and Descriptions of all the species hitherto discovered in Great Britain...; by E. Donovan.
London, the author, 1800 à 1804, in-8. fig. color.
5 tom. rel. en 2 vol. dem. rel. dos de cuir de Russie.
Bibolet.

== The Naturalist's Repository, or Monthly Miscellany
of Exotic Natural History....; by E. Donovan. *London, the author,* 1823 à 1827, in-8. fig. color.
5 vol. br.

DRAPARNAUD. — Histoire naturelle des Mollusques
terrestres et fluviatiles de la France; ouvrage posthume de Jacques-Philippe-Raymond Draparnaud.
Paris, Colas, in-4. fig. dem. rel. Thouvenin.

== Tableau des Mollusques terrestres et fluviatiles de
la France; par J. Draparnaud. *Montpellier et Paris,*
an IX, in-8. dem. rel.

DRAPIEZ. — Tableau analytique des Minéraux; par
A. Drapiez. *Lille et Paris,* in-fol. obl. dem. rel.
Thouvenin.

DRAWINGS of Fossils. Grand in-fol. mar. bl. dent.
tr. dor.

DRURY. — Illustrations of natural History. Wherein
are exhibited upwards of two hundred and forty
figures of exotic insects, according to their different
genera.... with a particular Description of each
Insect; interspersed with Remarks and Reflections
on the Nature and Properties of many of them; by
D. Drury. To which is added, a translation into
french. *London, the author,* 1770 à 1782, in-4.
pap. de Holl. fig. color. 3 vol. mar. bl. fil. Derome.

Dryander. — Catalogus Bibliothecæ historico-natura-
lis Josephi Banks; auctore Jona Dryander. *Londini,
typis Bulmer*, 1798 à 1800, in-8. 5 vol. br. en cart.

Dubois. — An Epitome of Lamarck's arrangement of
Testacea; being a free translation of that part of his
work, de l'Histoire naturelle des Animaux sans vertèbres; with illustrative Observations and compara-
tive and synoptic Tables of the systems of Linnæus
and Lamark; by Charles Dubois. *London, Longman*,
1824, petit in-8. v. bl. dent. tr. dor. Bibolet.

Dubravii (Jani) episcopi Olomucensis, de Piscinis
libri v: accedunt ejusdem argumenti ex veterum
recentiorumque scriptorum libris excerpta. Omnia
Herm. Conringii curâ iterùm edita, et ab innumeris
mendis purgata, cum præfationibus. *Helmestadii*,
1671, in-4. v. f.

Duchesne. — Le Portefeuille des Enfans; Mélange intéressant d'Animaux, Fruits, Fleurs...., accompagné
de courtes Explications et de divers Tableaux élé-
mentaires; rédigé par Ant. Vic. Duchesne, n°s 1 à
20. *Paris, Mérigot*, (1783,) in-4. fig. carton.

Dulac. — Mémoires pour servir à l'Histoire naturelle
des provinces de Lyonnois, Forez et Beaujolois; par
M. Alleon Dulac. *Lyon, Cizeron,* 1765, in-12, fig.
6 vol. v. gr. fil.

Dumas. *Voyez* Annales des Sciences naturelles.

Duméril. — Élémens des Sciences naturelles; par
A. M. Constant Duméril.... 3e édit. *Paris, Déterville,*
1825, in-8. fig. 2 vol. br.

= Zoologie analytique, ou Méthode naturelle de classification des animaux, rendue plus facile à l'aide
de Tableaux synoptiques; par A. M. Constant Duméril. *Paris, Allais,* 1806, in-8. dem. rel.

Duméril. — *Voyez* Cuvier.

Dupont. — Traité de Taxidermie, ou l'Art de conserver et d'empailler les animaux; par M. Dupont aîné,
naturaliste; 2ᵉ édit., revue. *Paris, Mansut,* 1827,
in-8. fig. dem. rel. Thouvenin.

Durand. *Voyez* Pline.

Dutens. — OEuvres mêlées de M. L. Dutens. *Genève,*
1784, in-8. dem. rel. Thouvenin.

Edwards (G.). — Histoire naturelle d'oiseaux peu com-
muns, et d'autres animaux rares et qui n'ont pas été
décrits, consistant en Quadrupèdes, Reptiles, Poissons, Insectes, etc., représentés sur cent dix Planches en taille-douce, avec une ample et exacte description de chaque figure, à laquelle on a ajouté
quelques réflexions sur les Oiseaux de passage, et un
supplément à plusieurs des sujets qui sont décrits
dans cet ouvrage; en quatre parties, par George
Edwards (en angl. et en franç.), trad de l'angl. par
N. D. de la S. R. *Londres, l'Autour* (sic), 1751
(1745 à 1751), in-4. fig. color. 4 vol. = Glanures
d'Histoire naturelle, consistant en figures de Quadrupèdes, d'Oiseaux, d'Insectes, de Plantes, etc.,
dont on n'avait point encore eu, pour la plus part,
de desseins ou d'explications, avec les descriptions
de soixante et dix différens sujets, dessinés, gravés
et colorés d'après nature, en cinquante Planches;
par George Edwards (en angl. et en franç.), et trad.
de l'angl. par J. Du Plessis. *Londres, l'Auteur,* 1758
à 1764, in-4. fig. color. 3 vol. en tout 7 vol. cuir
de Russie, dent. tr. dor. rel. angl.

Edwards (Milne). — Résumé d'Entomologie, ou d'Histoire naturelle des Animaux articulés; par MM. V. Audoin et H. Milne Edwards. = Tome second. Histoire
naturelle des Insectes, contenant l'esquisse de l'or-

ganisation des caractères, des mœurs et de la description de ces animaux...., complétée par une Iconographie de 48 Planches; par H. Milne Edwards.
Paris, 1828, in-32. 2 vol. dem. rel. Thouvenin.

EISENBERGER. *Voyez* CATESBY.

ELLIS. — An Essay towards a natural history of the
Corallines, and other marines productions of the like
kind, commonly found on the coasts of Great Britain and Ireland. To which is added the description
of a large marine Polype taken near the North pole,
by the whale-fishers, in the summer 1753; by John
Ellis. *London,* 1755, in-4. fig. v. j.

= Essai sur l'histoire naturelle des Corallines, et d'autres productions marines du même genre, qu'on
trouve communément sur les côtes de la Grande-
Bretagne et d'Irlande, auquel on a joint une description d'un grand Polype de mer, pris auprès du
pôle Arctique, par des pêcheurs de baleine, pendant l'été de 1753; par Jean Ellis, trad. de l'ang.
La Haye, P. de Hondt, 1756, in-4. fig. dem. rel.
dos de mar. r.

ENCYCLOPEDIA britannica; or, a Dictionary of Arts,
Sciences and miscellaneous litterature; the third
edition. *Edinburgh, Bell.* 1797, in-4. fig. 18 vol.
v. rac.

ENGRAMELLE. *Voyez* ERNST.

ENTOMOLOGIE helvétique, ou Catalogue des Insectes
de la Suisse rangés d'après une nouvelle méthode,
avec descriptions et figures (en franç. et en allem.).
Zurich, Orell. 1798, gr. in-8. fig. color. dem. rel.
Thouvenin. Vol. Ier.

ENTOMOLOGIE (L'), ou l'Histoire naturelle des Insectes
enseignée en 15 leçons; par R. A. E. In-12. fig.
color. br.

Ernst. — Papillons d'Europe, peints d'après nature par M. Ernst, gravés et coloriés sous sa direction (et sous celle de Gigot d'Orcy), décrits par Engramelle. *Paris, Delaguette,* 1779 à 1790, in-4. fig. color. 8 tom. en 4 vol. mar. r. dent. tr. dor.

= Le même ouvrage , même édition. In-4. fig. color. 8 vol. dem. rel. dos de mar. r.

Erxleben (Jo. Christ. Polyc.) Systema regni animalis per classes, ordines, genera, species, varietates cum synonymiâ et historiâ animalium. Classis 1. Mammalia. *Lipsiæ. Impensis Weygandianis,* 1777, in-8. vél.

Esper. — Description des Zoolithes nouvellement découvertes d'animaux quadrupèdes inconnus et des cavernes qui les renferment, de même que de plusieurs autres grottes remarquables qui se trouvent dans le margraviat de Bareith, au-delà des monts; par Jean Frédéric Esper, trad. de l'allem. par Jaques Frédéric Isenflamm. *Nuremberg,* 1774, in-fol. fig. color. dem. rel.

Essai sur la Théorie des Volcans d'Auvergne (par M. de Montlosier). *Riom et Clermont,* an x-1802, in-8. gr. pap. vél. v. rac.

Essai sur l'Entomologie du département du Puy-de-Dôme; par M. J. B. L. = Monographie des Lamelli-Antennes. *Clermont,* 1809, in-8. dem. rel. Thouvenin.

Essai sur l'Histoire naturelle de Saint-Domingue; (par le P. Nicolson.) *Paris, Gobreau,* 1776, in-8. fig. v. éc. fil.

Essais philosophiques sur les Mœurs de divers Animaux étrangers, avec des Observations relatives aux principes et usages de plusieurs peuples, ou Extraits des Voyages de M.*** en Asie; (par Foucher

d'Obsonville.) *Paris, Couturier*, 1783, in-8. fig. mar.
r. tr. dor.

Fabbroni. — Del Bombice e del Bisso degli antichi
dissertazione di Adamo Fabbroni. *In Perugia*, 1782,
in-8. fig. color. dem. rel. Thouvenin.

Fabricii (Joh. Christ.) Entomologia systematica
emendata et aucta; secundùm Classes, Ordines, Genera, Species, adjectis Synonymis, Locis, Observationibus, Descriptionibus. *Hafniæ*, 1792 à 1794,
in-8. 4 tom. en 6 vol. br. = Joh. Christ. Fabricii
Supplementum Entomologiæ systematicæ. *Hafniæ*,
1798, in-8. br. en cart.

= Index alphabeticus in J. C. Fabricii Entomologiam
systematicam, emendatam et auctam, ordines, genera et species continens. *Hafniæ*, 1796, in-8. br.

= Genera Insectorum eorumque characteres naturales
secundùm numerum, figuram, situm et proportio-
nem omnium partium oris adjectâ mantissâ specierum nuper detectarum. *Chilonii,* (1777,) in-8.
bas. m.

= Philosophia entomologica sistens scientiæ fundamenta adjectis definitionibus, exemplis, observationibus, adumbrationibus. *Hamburgi,* 1778, in-8.
dem. rel. Thouvenin.

= *Voyez* Coquebert.

Faujas. — Essai de Géologie, ou Mémoires pour servir à l'Histoire naturelle du Globe; par B. Faujas
Saint-Fonds. *Paris, Patris,* 1803, an xi, in-8. fig.
color. 2 tom. en 3 vol. dem. rel. Thouvenin.

= Histoire naturelle de la montagne de Saint-Pierre
de Maëstricht; par B. Faujas Saint-Fond. *Paris,*
Jansen, an vii, grand in-fol. fig. dem. rel. dos de
cuir de Russie.

= Histoire naturelle de la province de Dauphiné; par

M. Faujas de Saint-Fonds; tome Ier. *Grenoble et Paris*, 1781, in-8. br.

FAUNA Insectorum Germanorum. Petit in-8. obl. fig. color. 10 vol. mar. r. doubl. de tab. tr. dor.

FERMIN. — Histoire naturelle de la Hollande équinoxiale, ou Description des Animaux, Plantes, Fruits et autres curiosités naturelles qui se trouvent dans la colonie de Surinam, avec leurs noms différens, tant françois que latins, hollandois, indiens et nègre-anglois; par Philippe Fermin. *Amsterdam, Magérus*, 1765, in-8. fig. v. br.

FÉRUSSAC. — Essai d'une Méthode conchyliologique appliquée aux Mollusques fluviatiles et terrestres, d'après la considération de l'animal et de son test; par M. Daudebard de Férussac. Nouvelle édit. augmentée d'une Synonymie des espèces les plus remarquables, d'une Table de Concordance systématique de celles qui ont été décrites par Geoffroy, Poiret et Draparnaud, avec Müller et Linné, et terminée par un Catalogue d'Espèces observées en divers lieux de la France; par J. Daudebard fils. *Paris*, 1807, in-8. dem. rel.

= Histoire naturelle, générale et particulière des Mollusques terrestres et fluviatiles, tant des espèces que l'on trouve aujourd'hui vivantes, que des dépouilles fossiles de celles qui n'existent plus, classés d'après les caractères essentiels que présentent ces animaux et leurs coquilles. OEuvre posthume de M. le baron J. B. L. d'Audebard de Férussac; continué, mis en ordre et publié par M. le baron d'Audebard de Férussac, son fils. *Paris*, 1819 et suiv. in-fol. fig. color. 21 livr. rel. en 4 vol. carton.

Ouvrage non terminé.

FICHTEL. — Testacea Microscopica aliaque minuta ex generibus Argonauta et Nautilus ad naturam delineata et descripta à Leopoldo à Fichtel et Jo. Paulo Carolo à Moll. (en allem. et en lat.). *Wien*. 1803, in-4. fig. color. dem. rel. Thouvenin.

FISCHER. — Entomographia Imperii Russici. Auctoritate Societatis Cæsareæ Mosquensis Naturæ scrutatorum collecta et in lucem edita auctore Gotthelf Fischer. *Mosquæ, typis A. Semen.* 1820 à 1825, in-4. fig. color. 3 vol. carton.

= Gotthelf Fischer's Naturhistorische Fragmente. *Frankfurt am Main*, 1801, in-4. fig. dem. rel. Thouvenin.

= Mémoire pour servir d'introduction à un ouvrage sur la Respiration des Animaux, contenant la Bibliographie; suivi de quelques remarques sur les milieux des vers intestins, et en particulier sur le Cystidicola Farionis; par G. Fischer. *Paris, Drisonnier*, an VI-1798, in-8. dem. rel. Thouvenin.

= Das Nationalmuseum der Naturgeschichte zu Paris. Von seinem ersten Ursprunge bis zu seinem jetzigen Glanze geschildert von Gotthelf Fischer. *Frankfurt am Main*, 1802, in-8. fig. 2 vol. dem. rel. Thouvenin.

FLAMEN. — Livre d'Oyseaux...., gravés et dessignés au naturel; par Albert Flamen. 12 pièces. = Diverses Espèces de Poissons d'eau douce; par A. Flamen. 12 pièces. = Seconde Partie de Poissons d'eau douce, desseignés et gravés par Albert Flamen. 12 pièces. = Première Partie de diverses Espèces de Poissons de mer, dessignés et gravés après le naturel, par Albert Flamen. *Paris, Van Merlen.* 12 pièces = Seconde Partie de Poissons de mer, dessignés et gravés au naturel par Albert Flamen. *Paris, Van Merlen.* 12 pièces. = Troisième Partie de Poissons de mer, par A. Flamen. *Paris, Van Merlen.* 12 pièces; en tout 72 pièces collées sur des feuillets de papier in-4. obl. dem. rel. dos de mar. v.

FLEMING. — A History of British Animals, exhibiting the descriptive characters and systematical arrangement of the genera and species of quadrupeds, birds, reptiles, fishes, mollusca, and radiata of the united kingdom, including the indigenous, extirpated, and extinct kinds, together with periodical and occasional visitants; by John Fleming. *Edinburgh*, 1828, in-8. br. en cart.

= The Philosophy of Zoology, or a general View of the Structure, Functions, and Classification of Animals; by John Fleming. *Edinburgh, Constable*, 1822, in-8. fig. 2 vol. br. en cart.

FLEISCHMANN. *Voyez* CATESBY.

FONTANA. — Traité sur le Venin de la Vipère, sur les Poisons américains, sur le Laurier-cerise et sur quelques autres Poisons végétaux. On y a joint des observations sur la structure primitive du corps animal; différentes expériences sur la reproduction des nerfs, et la description d'un nouveau canal de l'œil; par M. Félix Fontana. *Florence*, 1781, *et Paris*, in-4. fig. 2 tom. en 1 vol. dem. rel. non rogné.

FORMI. *Voyez* TRAITÉS.

FORSKAL. — Descriptiones Animalium, Avium, Amphibiorum, Piscium, Insectorum, Vermium; quæ in Itinere Orientali observavit Petrus Forskäl. Post mortem auctoris edidit Carsten Niebuhr....... *Hauniæ*, 1775, in-4. cart. br.

= Icones rerum naturalium, quas in itinere orientali depingi curavit Petrus Forskäl. Post mortem auctoris ad Regis mandatum æri incisas edidit Carsten Niebuhr. *Hauniæ*, 1776, in-4. fig. br.

Forsten. — Disquisitio medica Cantharidum historiam naturalem, chemicam et medicam exhibens, auctore Rudolpho Forsten. Editio altera priori accuratior. *Argentorati, sumptibus Am. König,* 1776, in-12. bas.

Forster (Reinhold). — Enchiridion Historiæ Naturali inserviens; quo termini et delineationes ad Avium, Piscium, Insectorum et Plantarum adumbrationes intelligendas et concinnandas, secundùm methodum systematis Linnæani continentur, editore Jo. Reinholdo Forster. *Halæ,* 1788, in-8. br.

= Indische Zoologie oder systematische Beschreibungen seltener und unbekannter Thiere aus Indien, mit 15 illuminirten Kupfertafeln erläutert. Nebst einer kurzen vorläufigen Abhandlung über den Umfang von Indien und die Beschaffenheit des Klima, des Bodens und des Meeres daselbst, und einem Anhange, darin ein kurzes Verzeichniss der Thiere in Indien mitgetheilt wird, herausgegeben von Johann Reinhold Forster. *Halle, bey Gebauer,* 1781, gr. in-4. fig color. carton.

= Manuel pour servir à l'Histoire naturelle des Oiseaux, des Poissons, des Insectes et des Plantes....; trad. du lat. de J. Reinhold Forster; augmenté d'un Mémoire de Murray sur la Conchyliologie, traduit de la même langue, et de plusieurs additions considérables extraites des ouvrages des cit. Lacépède, Jussieu, Lamarck, Cuvier, etc.; par J. B. F. Léveillé. *Paris, Villiers,* an VII, in-8. dem. rel. Thouvenin.

Forster (Thomas). — A synoptical Catalogue of British Birds; intended to identify the species mentioned by different names in several catalogue already extant. Forming a book of reference to observations on British Ornithology; by Thomas Forster. *London, Nichols.* 1817, in-8. fig. color. br. en cart.

FORTIS. — Mémoires pour servir à l'Histoire naturelle et principalement à l'Oryctographie de l'Italie et des pays adjacens; par Albert Fortis *Paris, Fuchs,* an x, (1802,) in-8. fig. 2 vol. dem. rel.

FOURCROY. — Élémens d'Histoire naturelle et de Chimie; 5ᵉ édit.; par Fourcroy. *Paris, Cuchet,* 1793, in-8. 5 vol. dem. rel.

= Entomologia Parisiensis, sive Catalogus Insectorum quæ in agro Parisiensi reperiuntur....; edente A. F. de Fourcroy. *Parisiis, viâ et œdibus Serpentineis,* 1785, in-18. bas. m.

FRANCUS. *Voyez* MARIUS.

GAIMARD. *Voyez* QUOY.

GARDENS (the) and Menagerie of the Zoological Society delineated; being Descriptions and Figures in illustration of the Natural History of the living animals in the society's collection. *Chiswick, printed by Whittingham,* in-8. fig. sur bois, livr. 1 et 2, br. Cet ouvrage se continue.

GARNOT. *Voyez* LESSON.

GARSAULT. — Les Figures des Plantes et Animaux d'usage en médecine, décrits dans la Matière médicale de M. Geoffroy, médecin, dessinés d'après nature par M. de Garsault, gravés par MM. Defehrt, etc. In-8. fig. 5 vol. = Explication abrégée de sept cent dix-neuf Plantes, tant étrangères que de nos climats, et de cent trente-quatre animaux, en sept cent trente Planches, gravées en taille-douce, sur les desseins (*sic*) de monsieur Garsault, et mises au jour en juin 1764, suivant l'ordre du livre intitulé : Matière médicale de M. Geoffroy. *Paris, Desprez,* 1765, in-8. 1 vol.; en tout 6 vol. v. m.

GATTERERI (Chistoph. Wilhelm. Jac.) Breviarium Zoologiæ. Pars. 1. Mammalia. *Gottingæ, Dieterich,* 1780, in-8. bas. m.

GAVOTY. — Essai sur l'histoire de la Nature ; par MM. Gavoty et Toulouzan. *Paris, Arthus Bertrand,* 1815, in-8. 3 vol. dem. rel.

GÉNÉRATION (LA) de l'Homme par le moyen des œufs, et la production des tumeurs impures par l'action des sels, défendues par Eudoxe et Philotime contre Antigene. *Rouen, Lucas,* 1676, in-12. v. br.

GEOFFROY. — Traité sommaire des Coquilles, tant fluviatiles que terrestres qui se trouvent aux environs de Paris ; par M. Geoffroy. *Paris, Musier,* 1767, in-12. fig. v. gr. fil.

= Histoire abrégée des Insectes, dans laquelle ces animaux sont rangés suivant un ordre méthodique ; par M. Geoffroy. *Paris, Durand,* 1764, in-4. fig. 2 vol. v. m.

= Le même ouvrage ; nouvelle édition, revue, corrigée et augmentée d'un supplément considérable ; par M. Geoffroy. *Paris, Volland,* an VII, in-4. fig. color. 2 vol. dem. rel. dos de cuir de Russie.

GEOFFROY SAINT-HILAIRE. — Cours de l'Histoire naturelle des Mammifères ; par Geoffroy Saint-Hilaire. Partie comprenant quelques vues préliminaires de philosophie naturelle, et l'histoire des Singes, des Makis, des Chauve-Souris et de la Taupe ; pouvant servir de complément à l'Histoire naturelle de Buffon. *Paris, Pichon et Didier,* 1829, in-8. br.

= Histoire naturelle des Mammifères, avec des figures originales coloriées, dessinées d'après des animaux vivans.....; par M. Geoffroy Saint-Hilaire et par M. Frédéric Cuvier. *Paris, A. Belin,* 1824 et suiv. in-fol. fig. color. 59 livr. dont les 48 premières sont reliés en 4 vol. dem. rel. dos de cuir de Russie. Les autres sont brochées.

Cet ouvrage se continue.

GEOFFROY SAINT-HILAIRE. — Philosophie anatomique. Des Organes respiratoires sous le rapport de la détermination et de l'identité de leurs pièces osseuses; par M. le chevalier Geoffroy Saint-Hilaire *Paris, Méquignon-Marvis,* 1818, in-8. fig. dem. rel. Thouvenin. == Philosophie anatomique. Des Monstruosités humaines.....; par **M.** le chevalier Geoffroy Saint-Hilaire. *Paris, l'auteur,* 1822, in-8. fig. dem. rel. Thouvenin.

= Philosophie anatomique. Des Organes respiratoires....; par M. le chevalier Geoffroy Saint-Hilaire. *Paris, Méquignon-Marvis,* 1818, in-8. tiré de format in-4. fig. br.

GÉRARDIN. — Tableau élémentaire d'Ornithologie, ou Histoire naturelle des Oiseaux que l'on rencontre communément en France...; par Sébastien Gérardin (de Mirecourt). *Paris, Dufour,* 1822, in-8. gr. pap. vél. 2 vol. et atlas in-4. br.

GESNERI (Conradi) Historiæ animalium lib. V. *Tiguri, apud Froschoverum,* 1551 à 1587, in-fol. fig. color. 3 vol. v. à comp. tr. ciselée.

GILIBERT. — Abrégé du système de la Nature, de Linné, Histoire des Mammaires ou des Quadrupèdes et Cétacées.....; par le citoyen J. E. Gilibert. *Lyon et Paris,* an x–1802, in-8. fig. dem. rel. Thouvenin.

= Le même ouvrage. *Lyon,* an XIII–1805, in-8. fig. dem. rel. Thouvenin.

GIOENI. — Descrizione di una nuova famiglia, e di un nuovo genere di Testacei trovati nel littorale di Catania da Giuseppe Gioeni; con qualche osservazione sopra una spezie di Ostriche, per servire alla Conchiologia generale. *Napoli,* 1783, in-8. fig. dem. rel. Thouvenin.

GIORNA. — Calendario entomologico ossia Osservazioni sulle stagioni proprie agl' insetti nel clima piemontese, e particolarmente ne' contorni di Torino di Giorna figlio. *Torino*, 1791, nella Stamperia Reale, in-8. br.

GIRARD. — Anatomie des Animaux domestiques; par J. Girard. *Paris, Mme Huzard*, 1807, in-8. 2 vol. dem. rel. Thouvenin.

= Traité du Pied considéré dans les Animaux domestiques.....; par Girard. *Paris, Mme Huzard*, 1813, in-8. fig. dem. rel. Thouvenin.

GIROD. — Essai sur la Géographie physique, le Climat et l'Histoire naturelle du département du Doubs.....; par Girod Chantrans. *Paris, Courcier*, 1810, in-8. 2 vol. br.

GLEICHEN. — Dissertation sur la Génération, les Animalcules spermatiques et ceux d'infusions, avec des Observations microscopiques sur le sperme et sur différentes infusions; par le Baron de Gleichen, ouvrage trad. de l'allem. *Paris*, an VII, in-4. fig. dem. rel. Thouvenin.

GMELIN's (Joh. Fried.) Abhandlung über die Wurmtrocknis. (Essai sur les Insectes qui mangent le bois.) *Leipzig*, 1787, in-8. fig. color. dem. rel. Thouvenin.

= *Voyez* LINNÉ.

GOEDART. — Métamorphoses naturelles ou Histoire des Insectes observée très exactement suivant leur nature et leurs propriétés; par Jean Goedart. *Amsterdam, P. Mortier*, 1700, petit in-8. fig. color. 3 vol. v. f.

GOLDFUSS. — Petrefacta Musei universitatis regiæ Borussicæ Rhenanæ Bonnensis nec non Hæninghusiani Crefeldensis, iconibus et descriptionibus illustrata,

Abbildungen und Beschreibungen der Petrefacten etc.....; Herausgegeben von Dr. August Goldfuss. *Düsseldorf, Arnz*, 1826 et suiv., in-folio fig. 2 parties, br.

GOLDSMITH. — A History of the earth, and animated nature; by Oliver Goldsmith, a new edition, with corrections and additions. *London, Richardson*, 1822, in-8. fig., 6 vol. dem. rel. Thouvenin.

= An Abridgement of Dr. Goldsmith's natural History of Beasts and Birds. Interspersed with a variety of interesting anecdotes, and illustrated by nearly two hundred engravings on wood, in the manner of Bewick; a new edition, corrected and enlarged. *London, Scatcherd*, 1820, in-12, fig. bas. rac.

GOUAN. — Histoire des Poissons, contenant la Description anatomique de leurs parties externes et internes, et le caractère des divers Genres rangés par classes et par ordres.....; par M. Antoine Goüan. (En lat. et en franç.) *Strasbourg, Am. König*, 1770, in-4. fig. v. m.

GRAINDORGE. — Traité de l'origine des Macreuses; par feu M. de Graindorge, et mis en lumière par M. Thomas Malouïn. *Caen, Poisson*, 1680, petit in-8. mar. r. tr. dor.

= *Voyez* TRAITÉS.

GRASSET. — Muséum de la jeunesse, ou Tableaux historiques des Sciences et des Arts; ouvrage orné de gravures coloriées, représentant ce qu'il y a de plus intéressant sur l'Astronomie, la Géologie, la Météorologie, la Géographie, les trois Règnes de la nature etc.....; par feu J. Grasset de Saint-Sauveur. *Paris, veuve Courcier*, 1812, in-4. fig. color. dem. rel.

GRAVENHORST. — Monographia Coleopterum micropterorum auctore J. L. C. Gravenhorst. *Gottingæ*, 1806, in-8. br.

GRAVES. — British Ornithology; being the History, with a coloured representation, of every kown species of British Birds; by George Graves. 2ᵈ edit. *London*, 1821, in-8. fig. color. 3 vol. carton.

═ Ovarium Britannicum; being a correct delineation of the Eggs of such Birds as are native of, or domesticated in Great Britain; by George Graves. *London*, 1816, in-8. fig. color. br.

GRAY. — Illustrations of Indian Zoology consisting of coloured plates of new or hitherto unfigured Indian Animals, from the collection of Major–General Hardwicke. Selected and arranged by John-Edward Gray. *London, Treuttel*, 1829, 1ᵉʳ cah. in-fol. fig. color. br.

Cet ouvrage se continue.

═ Spicilegia Zoologica; by Gray. *London, Treuttel*, in-4. fig. br. 1ʳᵉ livr.

Cet ouvrage se continue.

GRIFFITH. *Voyez* CUVIER.

GRISELINI. — Observations de François Griselini sur la Scolopendre marine luisante et la Baillouviana. *Venise*, 1750, *Bassaglia*, in-8. fig. v. éc.

GRONOVIUS. — Zoophylacium gronovianum, exhibens animalia quadrupeda, amphibia, pisces, insecta, vermes, mollusca, testacea, et zoophyta, quæ in Museo suo adservavit, examini subjecit, systematicè disposuit atque descripsit Laur. Theod. Gronovius. *Lugduni Batavorum*, 1781, in-fol. fig. dem. rel.

GUALTIERI. — Index Testarum Conchyliorum quæ adservantur in Museo Nicolai Gualtieri. *Florentiæ*, 1742, in-fol. fig. dem. rel. Thouvenin.

GUÉRIN. — Iconographie du Règne animal de M. le baron Cuvier, ou Représentation d'après nature de l'une des espèces les plus remarquables, et souvent non encore figurée, de chaque genre d'animaux. Ouvrage pouvant servir d'atlas à tous les traités de zoologie; par M. F. E. Guérin. *Paris, l'auteur,* (1829 et suiv.) in-8. tiré de format in-4 fig. doubles en noir, avant la lettre, sur pap. de Ch. et coloriées, livr. 1 à 4, br.

Cet ouvrage se continue.

== *Voyez* SEBA.

GUIDE (le) du Naturaliste dans les trois Règnes de la Nature, ou Méthode analytique par laquelle on peut découvrir le nom générique de l'animal, du végétal ou du minéral que l'on se propose de connoître; par M. V. D. S. de P. *Bruxelles, Lemaire,* 1792, in-8. br.

GUILLEMEAU. — Essai sur l'Histoire naturelle des Oiseaux du département des Deux-Sèvres; par le docteur J. L. M. Guillemeau jeune. *Niort, Dépierris,* an XIV-1806, in-8. carte, dem. rel.

HAAN. — Monographiæ ammoniteorum et goniatiteorum specimen; auctore Guilielmo de Haan. *Lugduni Batavorum, apud Hazenberg,* 1825, in-8. dem. rel. Thouvenin.

HABICOT. — Antigigantologie, ou Contre-Discours de la grandeur des Geans; par Nicolas Habicot. *Paris, Corrozet,* 1618, in-8. dem. rel. Thouvenin.

HAMILTON. — An account of the Fishes found in the river Ganges and its branches; by Francis Hamilton (formerly Buchanan). *Edinburgh, Constable,* 1822, in-4. et atlas gr. in-4. obl. br. en cart.

HARLAN. — Fauna americana, being a Description of the Mammiferous Animals inhabiting North America; by Richard Harlan. *Philadelphia, A. Finley,* 1825, in-8. br. en cart.

HARMONIA ruralis, or an Essay towards a natural History of British Song Birds. *London, Gilling,* 1824, in-4. pap. vél. fig. color. 2 vol. dem. rel. dos de mar. bl.

HARRIS. — An Exposition of english Insects.... Une Exposition des Insectes anglois, avec des Observationes (*sic*) et des Remarques curieuses, dans lesquelles chaque insecte est particulièrement décrit....; le tout enrichi des tailles-douces dessinées, gravées et colorées par l'auteur, Moïse Harris (en angl. et en franc.). *Londres,* 1776, in-4. fig. color. mar. r. dent. tr. dor.

HAWKINS. *Voyez* WALTON.

HAYES. — A natural History of British Birds....; with their Portraits, accurately drawn, and beautifully coloured from nature; by M. Hayes. *London, Hooper,* 1775, gr. in-fol. fig. color. mar. citr. fil. tr. dor.

HERBIGNY (d') — Dictionnaire d'Histoire naturelle, qui concerne les Testacées ou les Coquillages de mer, de terre et d'eau douce; par M. l'abbé Favart d'Herbigny. *Paris, Bleuet,* 1775, petit in-8. 3 vol. v. éc. fil.

HERBINIUS. — Dissertationes de Admirandis mundi Cataractis suprà et subterraneis, earumque principio, Elementorum circulatione, ubi eâdem occasione æstûs maris reflui vera ac genuina causa asseritur, nec non terrestri ac primigenio paradiso locus situsque verus in Palæstinâ restituitur....; auctore M. Johanne Herbinio. *Amstelodami,* 1678, in-4. cart. et fig. v. br.

HERNANDEZ. — Rerum medicarum Novæ Hispaniæ Thesaurus seu Plantarum Animalium Mineralium

Mexicanorum historia ex Francisci Hernandez....
relationibus in ipsâ Mexicanâ urbe conscriptis à
Nardo Antonio Reccho Monte Corvinate.... jussu
Philippi II.... collecta ac in ordinem digesta à Joanne
Terrentio Lynceo Constantiense.... Notis illustrata
nunc primũ in Naturaliũ rer studiosor gratiã lucu-
brationibus Lynceorũ publici juris facta quibus jam
excussis accessere demùm alia quor omnium synopsis
sequenti pagina ponitur.... *Romæ*, 1651, in-fol.
fig. v. br.

HERVIEUX. — Nouveau Traité des Serins de Canarie,
contenant la manière de les élever, les apparier
pour en avoir de belles races....; par M. Hervieux.
2ᵉ édit. *Paris, Prudhomme,* 1713, in-12. v. j.

HISTOIRE NATURELLE des Abeilles, avec des Figures en
taille-douce (par Bazin). *Paris, Guérin,* 1744,
petit in-8. fig. 2 vol. bas. j. = Abrégé de l'Histoire
des Insectes, pour servir de suite à l'Histoire naturelle des Abeilles. *Paris, Guérin,* 1747 à 1751, pet.
in-8. fig. 4 vol. bas. j.

HISTOIRE NATURELLE des Oiseaux. *Voyez* BUFFON.

HISTOIRE (L') NATURELLE éclaircie dans une de ses parties principales, la Conchyliologie, qui traite des
Coquillages de mer, de rivière et de terre.....; nouvelle édition enrichie de figures dessinées d'après
nature; par M. *** (Dezallier d'Argenville). *Paris,
Debure,* 1757, in-4. fig. v. f. fil.

= Le même ouvrage, même édition (augmenté en
cet exemplaire de la lettre d'un naturaliste de la
Rochelle à un de ses amis à Beaucaire, à la suite de
l'Appendice de l'auteur; de plus, de quelques remarques et augmentations, où le texte se trouve trop
abrégé, le nom des païs d'où vient la plupart des coquillages, et d'un deuxième Appendice, en trois des-

sins colorés d'après le naturel, aussi-bien que toutes les estampes.) Un tome in-4. rel. en 2 vol. mar. r. fil. tr. dor.

Histoire (L') naturelle éclaircie dans une de ses parties principales, l'Oryctologie, qui traite des Terres, des Pierres, des Métaux, des Minéraux et autres fossiles...; par M. *** (Dezallier d'Argenville). *Paris, De Bure,* 1755, in-4. fig. v. m. fil. tr. dor.

Histoire naturelle et morale des îles Antilles de l'Amérique (attribuée à César de Rochefort). *Roterdam, Leers,* 1665, in-4. v. br.

Histoire naturelle générale et particulière, avec la description du Cabinet du Roi. Ornée de figures gravées par J. Vander Schley. *La Haye, P. de Hondt,* 1750, in-4. fig. 3 tom. en 1 vol. v. f.

Historia naturalis Brasiliæ..... in quâ non tantùm plantæ et animalia, sed et indigenarum morbi, ingenia et mores describuntur..... *Lugd.-Bat. et Amstelodami, apud Lud. Elzevirium,* 1648, in-fol. fig. mar. r. fil. tr. dor.

Hoffmanni (Godofredi Danielis) Observationes circà Bombyces, Sericum et Moros ex antiquitatum, historiarum, juriumque penu depromtæ (lat. et germ.) *Tubingæ,* 1757, pet. in-4. dem. rel. Thouvenin.

Holandre. — Abrégé d'Histoire naturelle des Quadrupèdes Vivipares et des Oiseaux; par M. Holandre. *Aux Deux-Ponts,* 1790, in-8. fig. color. 4 vol. vél. vert. fil. tr. dor.

Horsfield. — Zoological Researches in Java, and the Neighbouring islands; by Thomas Horsfield. *London, Kingsbury,* 1824, in-4. fig. color. Cuir de Russie, dent. tr. dor. Bibolet.

Housset. — Mémoires physiologiques et d'Histoire naturelle; par M. Étienne J. P. Housset. *Auxerre et Paris*, 1787, in-8. 2 tom. en 1 vol. dem. rel.

Howitt. — A new work of Animals, principally designed from the Fables of Æsop, Gay, and Phædrus : containing fifty-six plates, drawn from the life and etched by Samuel Howitt. *London, Edward Orme*, 1811, in-4. fig. dem. rel. dos de mar. r.

= Recueil de 44 gravures à l'eau forte, représentant des Animaux ; par Howitt. (Sans titre.) *London, Ed. Orme*, 1809, in-4. obl. dem. rel. dos de mar. r.

Huber. — Observations sur le Vol des oiseaux de proie; par M. Huber, de Genève. *Genève, Barde*, 1784, in-4. fig. dem. rel. Thouvenin.

= Recherches sur les mœurs des Fourmis indigènes; par P. Huber. *Paris, Paschoud, et Genève, chez le même*, 1810, in-8. fig. dem. rel. Thouvenin.

Huet. — Collection de Mammifères du Muséum d'Histoire naturelle, classée suivant la méthode de M. Cuvier, dessinée d'après nature; par Huet fils..... Accompagnée d'un texte descriptif et d'un tableau des Ordres, des Familles et des caractères appartenant à chacune d'elles; (par Augustin Legrand). *Paris, Treuttel et Würtz*, 1808, in-4. pap. vél. fig. color. v. gr. fil.

= Collection de Mammifères du Muséum d'Histoire naturelle, classée suivant la méthode de M. Cuvier; dessinée d'après nature; par Huet fils..... accompagnée d'un Tableau des ordres, des familles et des caractères appartenant à chacune. *Paris, Bance*, s. d. g. in-4. fig. dem. rel.

Huish. — A treatise on the Nature, Economy, and practical Management of Bees..... by Bobert Huish,

2ᵈ edit. *London, Baldwin,* 1827, in-8. fig. dem. rel. Thouvenin.

Hulden. (Philippi lib. ab.)..... Multifariæ utilitatis rangifer tàm in genere quàm in specie secundùm partes ipsius ad normam academiæ naturæ curiosorum consideratus orbi litterario exhibetur. Cui accessit M. Uldarici Heinsii Curoni..... Dissertatio de Alce. *Jenæ, sumtu J. Bielchi,* 1697, in-4. fig. v. f. fil.

Humboldt. — Tableaux de la Nature, ou considérations sur les Déserts, sur la physionomie des Végétaux, et sur les cataractes de l'Orénoque; par A. de Humboldt. Trad. de l'allem.; par J. B. B. Eyriès. *Paris, Schœll,* 1808, in-12. 2 vol. v. rac. fil.

= Voyage d'Al. de Humboldt et Aimé Bonpland, Recucil d'Observations de Zoologie et d'Anatomie comparée. *Paris,* 1821 et suiv., in-4. pap. vél. fig. col. livr. 1 à 12, br.

Cet ouvrage se continue.

Hutton. *Voyez* Buffon.

Imperato. — Dell' Historia naturale di Ferrante Imperato Napolitano, libri 28; nella quale ordinamente si tratta della diversa condition di miniere, e pietre. Con alcune Historie di Piante e Animali, sin'hora non date in luce. *In Napoli,* 1599, in-folio, fig. l. r. carton. 1ʳᵉ édit.

Jacobæus.— Museum regium, seu Catalogus rerum tàm naturalium, quàm artificialium, quæ in basilicâ bibliothecæ augustissimi Daniæ Norvegiæq; monarchæ Christiani quinti Hafniæ asservantur, descriptus ab Oligero Jacobæo. *Hafniæ,* 1696, in-folio, fig. v. j.

= Museum regium, seu Catalogus rerum tàm naturalium, quàm artificialium, quæ in basilicâ bibliothecæ augustissimi Daniæ Norvegiæq; monarchæ Friderici

quarti, Havniæ asservantur, gloriosissimæ memoriæ
rege Christiano quinto regnante, ab Oligero Jacobæo.....; quondàm describtus, nunc verò magnâ ex
parte auctior uberioribusq; commentariis, præser-
tim autem quoàd antiquitates historiamq; numisma-
tum Danicorum, illustratus, accurrante Johanne
Lauerentzen..... Cum indice alphabetico et analectis
uberioribus. *Hauniæ,* s. d. in-folio dem. rel.

JACOBÆI (Oligeri) de ranis Observationes. Accessit
Caspari Bartholini Th. F. de Nervorum usu in motu
musculorum epistola. *Parisiis, apud Billaine,* 1676,
in-8. fig. vél.

Dans le même vol. se trouve un Traité de Bartholini sur la structure du Diaphragme.

JAMESON. —— A Treatise on the external, chemical,
and physical characters of minerals; by Robert Jameson. 2ᵉ edit. *Edinburgh, Constable,* 1816, in-8.
fig. br. en cart.

JARDINE. —— Illustrations of Ornithology; by Sir William Jardine, and Prideaux John Selby. *Edinburgh,
Lizars,* in-4. fig. color. 5 part. br. en cart.

JARS. —— Voyages métallurgiques, ou Recherches et Observations sur les Mines et Forges de fer, la fabrica-
tion de l'acier, celle du fer blanc, et plusieurs mines
de charbon de terre, faites depuis l'année 1757 jusques et compris 1769, en Allemagne, Suède, Norvège, Angleterre et Écosse.....; par feu M. Jars, de
l'Acad. Roy. des Sciences de Paris, et publiés par
M. G. Jars, de l'Acad. des Sciences, Belles–Lettres
et Arts de Lyon. *Paris, Cellot,* 1774 à 1781, in-4.
fig. 3 vol. mar. r. fil. tr. dor.

JAUFFRET. *Voyez* RAY.

JENNINGS. —— Ornithologia, or the Birds : a poem, in
two parts; with an introduction to their natural

History, and copious notes; by James Jennings. *London*, 1828, in-12, fig. sur bois, br. en cart.

JOANNON. — Description abrégée du fameux cabinet de M. le Chevalier de Baillou, pour servir à l'Histoire naturelle des Pierres précieuses, Métaux, Minéraux et autres Fossiles; par Joannon de Saint-Laurent. *Luques*, 1746, in-4. vél.

JOBERT. *Voyez* CROIZET.

JONSTON. — Histoire naturelle et raisonnée des différens Oiseaux qui habitent le globe....., traduite du latin de Jonston, considérablement augmentée, et mise à la portée d'un chacun; De laquelle on a fait précéder l'Histoire particulière des Oiseaux de la ménagerie du Roi....., pour servir de suite à l'histoire des Insectes et Plantes de Mademoiselle de Merian. *Paris, L. C. Desnos*, 1773, grand in-folio, fig. 2 parties en un vol. v. éc. dent. tr. dor.

JOURNAL de Physique. *Voyez* ROZIER.

JOURNAL (The) of a Naturalist; 2ᵈ edit. *London, Murray*, 1829, in-8. pap. vél. fig. carton.

JURINE. — Nouvelle Méthode de classer les hyménoptères et les diptères; par L. Jurine. Hyménoptères, t. Iᵉʳ. *Genève, Paschoud*, 1807, in-4. fig. dem. rel. Thouvenin.

KOEMPFER. — Amœnitatum exoticarum politico-physico-medicarum fasciculi 5, quibus continentur variæ relationes, observationes et descriptiones rerum Persicarum et ulterioris Asiæ, multâ attentione, in peregrinationibus per universam orientem, collectæ, ab auctore Engelberto Kœmpfero. *Lemgoviæ, typis et impensis H. W. Meyeri*, 1712, in-4. fig. v. gr. dent.

KELLER. — Histoire de la Mouche commune de nos

appartemens ; par l'auteur des Nouvelles Découvertes dans le Règne végétal, avec 4 pl. enl. Donnée
au public par Jean-Christofle Keller, peintre à Nuremberg. 1766, pet. in-fol. fig. col. mar. r. fil. tr.
dor. Derome.

Kirby. — An Introduction to Entomology : or Elements of the natural History of Insects ; by William
Kirby and William Spence, 2ᵈ edit. corrected and
enlarged. *London, Longman,* 1816 à 1817, in-8.
pap. vél. fig. col. 2 vol. dem. rel. Thouvenin.

= *Voyez* Richardson.

Kircheri (Athanasii) Mundus subterraneus, in xii
libros digestus.....; editio tertia, ad fidem scripti
exemplaris recognita, et prioribus emendatior : tum
ab auctore Romã submissis variis observationibus
novisque figuris auctior. *Amstelod.,* 1678, in-fol.
fig. 2 vol. v. j.

Kirchmaier. *Voyez* Sperlingius.

Klein (Jacobi Theodori) Historiæ avium prodromus
cum præfatione de ordine animalium in genere. Accessit historia muris alpini et vetus vocabularium
animalium msc. cum figuris. *Lubecæ, apud J.
Schmidt,* 1750, in-4. fig. v. m.

= Historiæ piscium naturalis promovendæ missus primus de Lapillis eorumque numero in craniis piscium, cum præfatione : de piscium auditu. Accesserunt I. Anatome tursionum; II. Observata in capite
Raiæ. *Gedani, Litteris Schreiberianis,* 1740, in-4.
fig. dem. rel. Thouvenin.

= Naturalis dispositio Echinodermatum. Accesserunt
lucubratiuncula de Aculeis Echinorum marinorum
et spicilegium de Belemnitis. Edita et descriptionibus novisque inventis et synonymis auctorum aucta

à Nathanaele Godofredo Leske. *Lipsiæ ex Officinâ Gleditschianâ*, 1778, in-4. fig. col. mar. r. fil. tr. d.

KLEIN (Jacobi Theodori). — Ova avium plurimarum ad naturalem magnitudinem delineata et genuinis coloribus picta. *Leipzig*, 1766, in-4. fig. col. dem. rel.

= Quadrupedum dispositio brevisque Historia naturalis. *Lipsiæ, apud Breitkopfium*, 1751, in-4. fig. v. mar.

= Summa Dubiorum circà classes quadrupedum et amphibiorum in celebris domini Caroli Linnæi systemate naturæ : sive naturalis quadrupedum historiæ promovendæ prodromus cum præludio de crustatis adjecti discursus. 1. De Ruminantibus. 2. De Periodo vitæ humanæ côllato cum brutis. *Lipsiæ, apud Gleditschium*, 1743, in-4. br.

= Tentamen methodi ostracologicæ sive dispositio naturalis cochlidum et concharum in suas classes, genera et species..... Accedit lucubratiuncula de formatione, cremento et coloribus testarum quæ sunt cochlidum et concharum. Tum commentariolum in locum Plinii Hist. nat. lib. IX, cap. 33 de Concharum differentiis. Denique Sciagraphia Methodi ad Genus Serpentium ordinate digerendum. *Lugduni Batavorum, apud Wishoff*, 1753, in-4. fig. v. j.

= Ordre naturel des Oursins de mer et fossiles, avec des Observations sur les piquans des Oursins de mer, et quelques Remarques sur les Bélemnites; par M. Théodore Klein.... Ouvrage traduit du latin, avec le texte de l'auteur. *Paris, Bauche*, 1754, in-8. fig. v. j.

KNIP (Mme). *Voyez* TEMMINCK.

KNORR. — Les Délices des yeux et de l'esprit, ou Collection générale des différentes espèces de Coquillages que la mer renferme, communiquée au public par George Wolfgang Knorr. *A Nuremberg,* 1760 à 1771, in-4. fig. color. 3 vol. v. éc. fil.

KNORR.— Deliciæ Naturæ selectæ oder auserlenes Naturalien Cabinet welches aus den drey Reichen der Natur zeiget was von Curiosen Liebhabern aufbehalten und gesammlet zu werden verdienet. Herausgegeben von Georg Wolfgang Knorr. *Nurnberg,* 1754, gr. in-fol. fig. color. mar. r. fil. tr. dor. 3o pl. sans texte.

⸗ Délices de la Nature, ou Choix de tout ce que les trois Règnes de la Nature renferment de plus digne des recherches d'un curieux pour en former un cabinet; ouvrage communiqué ci-devant au public par George Wolfgang Knorr, célèbre graveur de Nuremberg, continué par ses héritiers, avec les Descriptions et Remarques de Philippe-Louis Statius Müller.... Revu, corrigé et augmenté d'une préface; par M. Jean-Ernest-Emanuel Walch.... Trad. de l'allem. par Jaques - Frédéric Isenflamm. *Nuremberg,* 1779, gr. in-fol. fig. color. mar. r. fil. tr. dor.

⸗ Recueil de Monumens des Catastrophes que le globe de la terre a essuiées, contenant des Pétrifications et d'autres Pierres curieuses, dessinées, gravées et enluminées d'après les originaux, avec leur description ; par George Wolfgang Knorr. *A Nuremberg,* s. d. in-fol. fig. color. 3 vol. mar. r. dent. tr. dor.

KÖNIG (Emanuelis). Regnum animale... Editio altera priore duplò auctior. *Coloniæ Munatianæ,* 1698, petit in-4. v. f.

⸗ Regnum minerale, generale et speciale.... *Basileæ,* 1703, in-4. portr. vél.

LACÉPÈDE. — La Ménagerie du Muséum national d'Histoire naturelle, ou Description et Histoire des Animaux qui y vivent ou qui y ont vécu; par les citoyens Lacépède et Cuvier, avec des figures peintes d'après nature, par le citoyen Maréchal.... *Paris, Miger*, an x–1801, gr. in-fol. fig. doubles en noir et en couleur, dem. rel. dos de mar. r.

LACÉPÈDE *Voyez* BUFFON.

LAMARCK. — Discours d'ouverture du Cours des Animaux sans vertèbres, prononcé dans le Muséum d'Histoire naturelle, en mai 1806. (Par M. de Lamarck.) In-8. dem. rel.

== Extrait du Cours de Zoologie du Muséum-d'Histoire naturelle, sur les Animaux sans vertèbres....; par M. Delamarck. *Paris, d'Hautel*, 1812, in-8. dem. rel. Thouvenin.

== Histoire naturelle des Animaux sans vertèbres, présentant les caractères généraux et particuliers de ces animaux, leur distribution, leurs classes, leurs familles, leurs genres, et la citation des principales espèces qui s'y rapportent; précédée d'une Introduction offrant la détermination des caractères essentiels de l'animal, sa distinction du végétal et des autres corps naturels; enfin, l'exposition des principes fondamentaux de la Zoologie; par M. de Lamarck. *Paris,* 1815 à 1822, in-8. pap. vél. 7 vol. dem. rel.

== Philosophie zoologique, ou Exposition des Considérations relatives à l'Histoire naturelle des Animaux, à la diversité de leur organisation et des facultés qu'ils en obtiennent...., etc.; par J. B. P. A. Lamarck. *Paris, Dentu*, 1809, in-8. 2 vol. dem. rel.

== Recherches sur l'Organisation des Corps vivans, et particulièrement sur son origine, sur la cause de ses développemens et des progrès de sa composition, et sur celle qui, tendant continuellement à la détruire dans chaque individu, amène nécessairement sa mort; précédé du Discours d'ouverture du Cours de Zoologie donné dans le Muséum national d'Histoire naturelle, l'an x de la république ; par J. B. Lamarck. *Paris, l'auteur,* s. d. in-8. dem. rel. Thouvenin.

LAMARCK. — Recueil de Planches des Coquilles fossiles des environs de Paris ; par M. de La Marck, avec leurs explications. On y a joint deux planches des Lymnées fossiles, et autres coquilles qui les accompagnent, des environs de Paris ; par M. Brard. Ensemble 30 pl. *Paris, Dufour,* 1823, in-4. fig. dem. rel. Thouvenin.

= Système des Animaux sans vertèbres, ou Tableau général des classes, des ordres et des genres de ces animaux....; précédé du Discours d'ouverture du Cours de Zoologie donné dans le Muséum national d'Histoire naturelle, l'an VIII de la république ; par J. B. Lamarck. *Paris,* an IX-1801, in-8. Thouvenin.

= *Voyez* BUFFON.

LAMÉTHERIE. *Voyez* ROZIER.

LAMOUROUX. — Exposition méthodique des Genres de l'ordre des Polypiers, avec leur description et celle des principales espèces, figurées dans 84 planches, les 63 premières appartenant à l'Histoire naturelle des Zoophytes d'Ellis et Solander ; par J. Lamouroux. *Paris, veuve Agasse,* 1821, in-4. fig. dem. rel. Thouvenin.

= Histoire des Polypiers coralligènes flexibles, vulgairement nommés Zoophytes ; par J. V. F. Lamouroux. *Caen,* 1816, *et Paris, Déterville,* in-8. fig. dem. rel. Thouvenin.

LANDSEER. — Twenty (twenty-one) Engravings of Lions, Tigers, Panitiers and Leopards ; by Thom. Landseer, from originals by Stubbs, Rubens, Rembrant, Reydinger, Spilsbury ; with an Essay on the

Carnivorous; by J. Lai and Edwin Landseer. *London,
Hunt,* 1823, in-4. obl. fig. sur pap. de Ch. br. en
carton.

LAPEIROUSE. — Description de plusieurs nouvelles Espèces d'Orthocératites et d'Ostracites; par M. Picot
de Lapeirouse, baron de Bazus. *Erlang et Paris,*
1781, petit in-fol. fig. color. dem. rel. Thouvenin.

= Tables méthodiques des Mammifères et des Oiseaux
observés dans le département de la Haute-Garonne;
par Philippe Picot-Lapeyrouse. *Toulouse,* an VII,
in-8. br.

LATHAM. — A general History of Birds; by John
Latham. *Winchester, Jacob,* 1821 à 1824, in-4. fig.
color. 10 vol. br. en cart. = Index to the general
History of Birds; by John Latham. *Winchester,
Jacob,* 1828, in-4. br. en cart.

= Index Ornithologicus, sive Systema Ornithologiæ;
complectens Avium divisionem in classes, ordines,
genera, species, ipsarumque varietates : adjectis
synonymis, locis, descriptionibus, etc.; studio et
operâ Joannis Latham. *Londini,* 1790, in-4. bas. m.

LATREILLE. — Considérations générales sur l'ordre
naturel des Animaux composant les classes des Crustacés, des Arachnides et des Insectes; avec un Tableau méthodique de leurs genres disposés en familles; par P. A. Latreille. *Paris, F. Schœll,* 1810,
in-8. dem. rel.

= Essai sur l'Histoire des Fourmis de la France; par
P. A. Latreille. *Brive, Bourdeaux,* an VI. in-8. br.

= P. A Latreille Genera Crustaceorum et Insectorum
secundùm ordinem naturalem in familias disposita,
iconibus exemplisque plurimis explicata. *Parisiis et
Argentorati apud Am. Kœnig.* 1806, in-8. 4 vol.
cuir de Russie, dent. tr. dor.

LATREILLE. — Histoire naturelle des Fourmis, et recueil de mémoires et d'observations sur les Abeilles, les Araignées, les Faucheurs, et autres insectes; par P. A. Latreille. *Paris, T. Barrois,* an x-1802, in-8. fig. dem. rel.

== Histoire naturelle des Salamandres de France, précédée d'un Tableau méthodique des autres reptiles indigènes; par P. A. Latreille. *Paris, Villier,* an VIII-1800, in-8. fig. color. dem. rel.

== Précis des caractères génériques des Insectes, disposés dans un ordre naturel; par le citoyen Latreille. *Paris, Prévôt,* an v, in-8. dem. rel.

== *Voyez* BUFFON.

LAUGIER. *Voyez* TEMMINCK.

LAUNAY. — Nouveau système sur la Génération de l'Homme et celle de l'Oiseau, où l'on rapporte et où l'on réfute les différentes opinions qui ont paru sur ce sujet; par Charles-Denis de Launay. *Paris, Quilau,* 1726, in-12. v. j.

LAWRENCE (John). — The History and Delineation of the horse, in all his varieties....; by John Lawrence. *Albion press : for Cundee,* 1809, in-4. pap. vél. fig. br. en cart.

LAWRENCE (W.). — Lectures on Physiology, Zoology, and the natural history of Man, delivered at the Royal College of surgeons by W. Lawrence. *London, Smith,* 1822, in-8. dem. rel. Thouvenin.

LEACH. — The Zoological Miscellany; being descriptions of new, or interesting Animals, by William Elford Leach. Illustrated with coloured figures, by R. E. Nodder. *London, Nodder,* 1814-1817, in-8. fig. color. 3 vol. br. en cart.

LEBREUX. — Entomographie, Histoire naturelle des

Lépidoptères, ou Papillons; par F. L. Lebreux. *Paris,* 1827, in-12. br.

LEGATI. — Museo Cospiano annesso a quello del famoso Ulissse Aldovrandi e donato alla sua patria dall' illlustrissimo signor Ferdinando Cospi. Descrizione di Lorenzo Legati Cremonese. *In Bologna, per G. Monti*, 1677, in-fol. fig. v. f.

LEROY. — Lettres philosophiques sur l'intelligence et la perfectibilité des Animaux, avec quelques lettres sur l'homme; par Charles-Georges Leroy, sous le nom du phisicien de Nuremberg. Nouvelle édition, à laquelle on a joint des lettres posthumes sur l'homme, du même auteur. *Paris, Imp. de Valade,* an x (1802), in-8. portr. br.

LESKE. — Ichthyologiæ Lipsiensis specimen auctore Nathanaele Godofredo Leske. *Lipsiæ*, 1774. in-8. dem. rel.

LESSER. — Théologie des Insectes, ou Démonstration des perfections de Dieu dans tout ce qui concerne les Insectes; trad. de l'allem. de M. Lesser, avec des remarques de M. P. Lyonnet. *Paris, Chaubert,* 1745, in-8. 2 vol. bas. m.

LESSON. — Histoire naturelle des Oiseaux-Mouches; par R. P. Lesson. *Paris, Arthus-Bertrand,* 1829 et suiv. gr. in-8. fig. livr. 1 à 11 br.

Un des 5 exempl. tirés sur pap. gr. rais. vél. avec le texte double sur pap. blanc et sur pap. rose, et les fig. triples : avant la lettre sur pap. blanc, avec la lettre sur pap. rose et coloriées sur pap. blanc.
Cet ouvrage se continue.

= Manuel de Mammalogie, ou Histoire naturelle des Mammifères; par Réné-Primeverre Lesson, in-18, dem. rel. Thouvenin.

= Manuel d'Ornithologie, ou Description des genres et des principales espèces d'Oiseaux; par R. P. Lesson. *Paris, Roret,* 1828, in-18, 2 vol. et atlas in-18. dem. rel. Thouvenin.

LESSON. — Voyage autour du Monde, exécuté par ordre du Roi, sur la corvette de Sa Majesté, *la Coquille,* pendant les années 1822, 1823, 1824 et 1825.....; par M. L. J. Duperrey, capitaine de frégate. Zoologie par MM. Lesson et Garnot. *Paris, Arthus-Bertrand,* 1826, in-4. tiré de format in-fol. pap. vél. fig. doubles en noir et color. 14 livr. br.

Cet ouvrage se continue.

LETTSOM. — Le Voyageur naturaliste, ou Instructions sur les moyens de ramasser les objets d'Histoire naturelle et de les bien conserver; avec des observations propres à étendre les recherches relatives aux connaissances humaines en général; par M. John Coakley Lettsom; trad. de l'anglais sur la seconde édition, corrigée et augmentée, auquel on a joint l'Art de calmer les flots de la mer; ouvrage aussi trad. de l'angl. *Amsterdam, et Paris, Lacombe,* 1775, in-12. fig. dem. rel. Thouvenin.

LEUCHS. — Vollständige naturgeschichte der Ackerschnecke....; von Johann Carl Leuchs. *Nürnberg,* 1820, in-12. dem. rel. Thouvenin.

LEUWENHOEK (Antonii à) Opera omnia, seu Arcana naturæ.....; editio novissima. *Lugduni Batavorum,* 1722–1719, in-4. fig. 4 vol. vél.

LEVAILLANT. — Histoire naturelle des oiseaux d'Afrique; par François Levaillant. *Paris, Delachaussée,* an XIII–1805 à 1808, gr. in-fol. fig. doubles noires et coloriées, pap. vél. 6 vol. carton.

= Histoire naturelle des oiseaux de Paradis et des Rolliers, suivie de celle des Toucans et des Barbus; par François Levaillant. *Paris, Denné,* 1806, gr. in-fol. fig. doubles en noir et color. 2 vol. dem. rel. dos de mar. r. = Histoire naturelle des Promerops

et des Guêpiers; par François Levaillant, faisant
suite à celle des Oiseaux de Paradis, par le même.
Paris, Denné, 1807, gr. in-fol. fig. doubles en noir
et en couleur, dem. rel. dos de mar. r.

LEVAILLANT. — Histoire naturelle des Perroquets; par
François Levaillant. *Paris, Levraut,* an ix (1801)
à l'an xiii (1805), in-fol. pap. vél. fig. color. 2 vol.
dem. rel. dos de mar. r.

= Histoire naturelle d'une partie d'Oiseaux nouveaux
et rares de l'Amérique et des Indes; par François Levaillant. Ouvrage destiné par l'auteur à faire partie
de son Ornithologie d'Afrique. *Paris, Dufour,*
an ix (1801), gr. in-fol. pap. vél. fig. color. carton.

= Le même ouvrage, même édition. Gr. in-4. pap.
vél. fig. color. carton.

LEWIN. — The Birds of Great Britain..... Les Oiseaux
de la Grande-Bretagne rangés dans un ordre systématique, gravés avec soin, et peints d'après nature,
avec des descriptions contenant l'histoire complète
de chaque oiseau.....; les figures gravées d'après les
sujets mêmes par l'auteur, W. Lewin, et peintes sous
ses yeux. *Londres, Johnson,* 1796 à 1800, in-4. tiré
de format in-fol. pap. vél. fig. color. 8 tom. en 4 vol.
br. en cart.

LINNÉ. — Caroli à Linné Amœnitates Academicæ, seu
Dissertationes variæ Physicæ, Medicæ, Botanicæ ante-
hàc seorsìm editæ nunc collectæ et auctæ cum tabulis
æneis; editio tertia curante D. Jo. Christiano Da-
niele Schrebero. *Erlangæ,* 1787 à 1790, in-8. fig.
10 vol. bas. m.

= Caroli à Linné Systema Naturæ per regna tria naturæ, secundùm classes, ordines, genera, species;
cum characteribus, differentiis, synonymis, locis;
editio decima tertia, aucta, reformata. Cura Jo. Frid.

Gmelin. *Lugduni, apud Delamolliere*, 1789, in-8. 2 tom. en 10 vol. dem. rel. Thouvenin.

LINNÉ. — Caroli Linnæi entomologia, Faunæ suecicæ descriptionibus aucta, D. D. Scopoli, Geoffroy, de Geer, Fabricii, Schrank, etc. Speciebus vel in systemate non enumeratis, vel nuperrimè detectis, vel speciebus Galliæ Australis locupletata, generum specierumque rariorum iconibus ornata ; curante et augente Carolo de Villers. *Lugduni*, 1789, in-8. 4 vol. bas. m.

= Caroli Linnæi Fauna suecica sistens animalia sueciæ regni : Quadrupedia, Aves, Amphibia, Pisces, Insecta, Vermes, distributa per classes et ordines, genera et species..... *Stockholmiæ*, 1746, in-8. fig. vél.

= Faunæ suecicæ à Carolo à Linné inchoatæ pars prima sistens mammalia, Aves, Amphibia et Pisces Sueciæ quam recognovit, emendavit et auxit Andreas Joannes Retzius. *Lipsiæ*, 1800, in-8. fig. color. dem. rel. Thouvenin.

= Museum S^æ R^æ M^{tis} Adolphi Friderici regis Suecorum..... in quo animalia rariora imprimis, et exotica : Quadrupedia, Aves, Amphibia, Pisces, Insecta, Vermes describuntur et determinantur, latinè et suecicè cum iconibus; jussu Sac. Reg. Maj^{tis} à Car. Linnæo. *Holmiæ, è Typographiâ Regiâ*, 1754, gr. in-folio, fig. cart.

= Système de la nature de Charles de Linné, classe deuxième du règne animal, contenant les Oiseaux; traduction française par Vanderstegen de Putte, d'après la 13e édition latine, mise au jour, augmentée et corrigée par J. F. Gmelin. *Bruxelles, Flon*, 1796, in-8. 3 vol. dem. rel. Thouvenin.

= *Voyez* ARTEDI et GILIBERT.

LISTE des Animaux et des Minéraux observés dans le

département de la Sarthe. *Au Mans, *1821, in–8. broché.

LISTER (Martini), Historiæ sive synopsis methodicæ conchyliorum quorum omnium picturæ, ad vivum delineatæ, exhibétur, liber primus, qui est de Cochleis terrestribus. *Londini, sumptibus authoris,* 1685. = Historiæ Conchyliorum liber II. qui est de Turbinibus et Bivalvibus aquæ dulcis. *Londini, sumptibus authoris,*1686.= Historiæ Conchyliorum liber III. qui est de Bivalvibus marinis.*Londini, sumptibus authoris,* 1687. = Historiæ Conchyliorum liber IV. qui est de Buccinis marinis, etiam Vermiculi, Dentalia et Patellæ numerantur ibidem. *Londini, sumptibus authoris,* 1688. = Appendix ad Historiæ Conchyliorum librum IV. de Buccinitis ysuc lapidibus, qui buccina omnigena valdè referant. *Londini, sumptibus authoris,* 1692, in–fol. cuir de Russie, dent. n. r. Bibolet.

= Historia sive synopsis methodica Conchyliorum. Editio tertia. Recensuit et indice locupletissimo instruxit L. W. Dillwyn. *Oxonii, è Typographeo Clarendoniano,* 1823, in–fol. fig. br. en cart.

LORD's, Entire new System of Ornithology. Or œcumenical history of British birds. Under the inspection and patronage, of the Rev. M. Peters. The whole accurately copied, from the original paintings, now in the possession of the artist. With a brief account of their characters, and Properties. The writing corrected, and embellished, by the Rev. D. Dupree. *London,* 1791, *the author.* gr. in–fol. pap. vél. fig. color. cuir de Russie. dent. tr. dor. rel. angl.

Low. — Fauna Orcadensis; or the natural History of the Quadrupeds, Birds, Reptiles, and Fishes, of Orkney and Shetland, by the Rev. George Low. From a Manuscript in the possession of Wm. Elford Leach.

Edinburgh, *Constable*, 1813, in-4. pap. vél. br. en cart.

LUC (de). —Lettres physiques et morales sur l'Histoire de la Terre et de l'Homme, adressées à la Reine de la Grande-Bretagne; par J. A. de Luc. *La Haye* et *Paris*, 1779, in-8. pap. de Holl. 6 vol. v. éc. fil.

LAUERENTZEN. *Voyez* JACOBÆUS.

LYCOSTHENIS — Prodigiorum ac ostentorum chronicon....., conscriptum per Conradum Lycosthenem Rubeaquensem. *Basileæ*, 1557, in-4. fig. v. m.

LYONET. — Traité anatomique de la Chenille qui ronge le bois de saule, augmenté d'une explication abrégée des Planches, et d'une description de l'Instrument et des outils dont l'auteur s'est servi pour anatomiser à la loupe et au microscope.....; par Pierre Lyonet. *La Haye*, *Gosse*, 1762, in-4. fig. mar. 1 fil. tr. dor.

MACLURE. —Observations on the geology of the United-States of America ; with some remarks on the effect produced on the nature and fertility of soils; by the decomposition of the different classes of Rocks.....; by William Maclure. *Philadelphia*, *the author*, 1817, in-8. cart. et fig. dem. rel. Thouvenin.

MAJORIS (Joh. Dan.) Dissertatio epistolica de Cancris et Serpentibus petrefactis ad Dn. D. Philippum Jacobum Sachs à Lewenheimb, cui accessit responsaria dissertatio historico-medica ejusdem Philippi Jacobi Sachs à Lewenheimb de miranda Lapidum natura. *Jenæ*, 1664, in-4. v. br.

MALESHERBES. — Observations de Lamoignon-Malesherbes, sur l'Histoire naturelle générale et particulière de Buffon et Daubenton. *Paris*, *Pougens*, an VI, (1798) in-8. tiré du format in-4. 2 vol dem rel. dos de mar. ol. Thouvenin.

MALO. — Les Papillons, par Charles Malo. *Paris, Janet*, s. d., in-18. pap. vél. fig. color. cart. dans un étui.

MALOUÏN. *Voyez* GRAINDORGE et TRAITÉS.

MALPIGHII (Marcelli) Dissertatio epistolica de Bombyce. *Londini*, 1669, in-4. fig. v. f. fil.

MANESSE. — Traité sur la manière d'empailler et de conserver les animaux, les pelleteries et les laines ; par M. l'abbé Manesse. *Paris, Guillot*, 1787, in-12. fig. dem. rel. Thouvenin.

MANGILI — Nuove Ricerche zootomiche supra alcune specie di Conchiglie bivalvi del citadino G. Mangili. *Milano*, 1804. pet. in-4. fig. br.

MANTELL. — The Fossils of the south Downs; or illustrations of the geology of Sussex; by Gideon Mantell. *London*, 1822, in-4. fig. dem. rel. Thouvenin.

MANUEL du Naturaliste, ou Dictionnaire d'histoire naturelle, contenant l'Abrégé de l'histoire des Animaux, des Végétaux, des Minéraux, et des principaux Météores et phénomènes de la nature. Ouvrage utile aux Voyageurs..... Nouvelle édition, corrigée et augmentée de près de deux mille articles. *Bruxelles* et *Paris*, an III, in-8. 2 vol. dem. rel.

MANUEL du naturaliste. Ouvrage utile aux voyageurs et à ceux qui visitent les cabinets d'Histoire naturelle et de Curiosités; par M. D., deuxième édition, revue, corrigée et considérablement augmentée. *Paris, Rémont*, an V, (1797), in-8. 4 vol. bas. rac.

MARIUS. — Traité du Castor, dans lequel on explique la nature, les propriétés et l'usage médico-chymique du Castoreum dans la médecine; par Jean Marius, augmenté des observations de cet auteur, et plusieurs autres médecins célèbres....., et d'un grand nombre de découvertes par Jean Francus. Traduit par M. Eidous. *Paris, Durand,* 1746, in-12. fig. br.

MARSILLI. — Histoire physique de la Mer; par Louis Ferdinand comte de Marsilli. *Amsterdam,* 1725, in-fol. fig. carton. non rogné.

MARTIN. —Lettres à Sophie sur la Physique, la Chimie, et l'Histoire naturelle; par L. Aimé Martin, avec des notes par M. Patrin ; nouvelle édition. *Paris, Lefèvre,* 1812, in-8. fig. color. 2 vol. br.

MARTINI. — Neues systematisches Conchylien-Cabinet geordnet und beschrieben von Friedrich Heinrich Wilhelm Martini der Arzneygelahrteit Doctor und Prakticus in Berlin, und unter dessen Aufsicht nach der Natur gezeichnet und mit lebendigen Farben erleuchtet durch Andreas Friedrich Happe. *Nurnberg, bey G. N. Raspe,* 1768 à 1777, in-4. fig. color. 3 vol. ⇒ Neues systematisches Conchylien-Cabinet fortgesetzet durch Johann Hioronymus Chemnitz. *Nurnberg, Raspe,* 1780 à 1795, in-4. fig. color. 8 vol. En tout 11 vol. rel. en 13 dem. rel.

MARTIUS. *Voyez* SPIX.

MARTYN. — The universal Conchologist..... Le Conchologiste universel montrant la figure de chaque coquille aujourd'hui connue : soigneusement dessinée et peinte d'après nature. Le tout arrangé selon le système de l'auteur, Thomas Martyn (en anglais et en français). *Londres, l'auteur,* 1789, in-4. pap. vél. 80 fig. color. mar. r. dent. tr. dor.

MASSUET. —Recherches intéressantes sur l'origine, la formation, le dévelopement, la structure, etc. des diverses espèces de vers à tuyau qui infestent les vaisseaux, les digues, etc. de quelques unes des Provinces-Unies; par P. Massuet. *Amsterdam , Chan-guion*, 1733, in-12. fig. v. j.

MATON — A Descriptive Catalogue of the British Tes-tacea; by William George Maton, and Th. Rackett. Read january 17, 1804. *London*, 1807, in-4. fig. color.

Cet ouvrage fait partie du huitième volume des Transactions de la Société Linnéenne de Londres.

MAUDUIT. — Mémoire sur la manière de se procurer les différentes espèces d'animaux, de les préparer et de les envoyer des pays que parcourent les voya-geurs; par M. Mauduit. Tiré du Journal de Physique et d'Histoire naturelle de l'abbé Rozier; in-4. fig. dem. rel.

MAWE. — The Linnæan System of Conchology, de-scribing the orders, genera and species of Shells, arranged into divisions and families : with a view to facilitate the student's attainment of the science; by John Mawe. *London, the author,* 1823, in-8. pap. vél. fig. color. v. bl. dent. tr. dor. Bibolet.

= The Voyager's Companion, or Shell Collector's Pi-lot, with instructions and directions where to find the finest shells; also for preserving the skins of ani-mals; and the best methods of catching and pre-serving insects, etc. , etc.; by J. Mawe. Fourth edi-tion. *London, the author,* 1825, in-16, pap. vél. fig. color. carton.

MEISNER. — Annalen der allgemeinen Schweizeris-chen Gesellschaft für die gesammten Naturwissen-schaften. Herausgegeben von Fr. Meisner. *Bern ,* *Jenni*, 1824, in-8. 2 vol. dem. rel. Thouvenin.

= Lehrbuch der Naturgeschichte. Zum Gebrauch aka-demischer Vorlesungen und in Gymnasien ausgear-beitet von Fr. Meisner. Erster Theil welcher die Zoologie enthält. *Bern,* 1806, in-8. carton.

MESNER. — Museum der Naturgeschichte Helvetiens. Herausgegeben von Friedrich Meisner. *In Bern* 1. Band , *bey J. J. Burgdorfer,* 1820, in-4. fig. noires et color. carton.

MÉLANGES d'Histoire naturelle; par M. A. D. (Alléon-Dulac.) *Lyon, Duplain,* 1763, in-12 , fig. dem. rel.

MÉMOIRE instructif sur la manière de rassembler, de préparer, de conserver et d'envoyer les diverses curiosités d'histoire naturelle, auquel on a joint un mémoire intitulé : Avis pour le transport par mer, des arbres, des plantes vivaces, des semences, et de diverses autres curiosités d'histoire naturelle ; (par le chevalier Turgot.) *Paris et Lyon, Bruyset,* 1758. in-8. fig. dem. rel.

MÉMOIRES de la Société d'Histoire naturelle de Paris. *Paris,* 1823 et années suiv. in-4. fig. br.
En 1828 il paraissait 4 vol. Cet ouvrage se continue.

MÉMOIRES de la Société linnéenne du Calvados. *Caen, Chalopin,* 1824 et suiv. in-8. 4 vol. et 3 cahiers de pl. in-4. obl. br.
Cet ouvrage se continue.

MÉMOIRES pour l'Histoire naturelle de la province de Languedoc; (par Astruc.) *Paris, Cavelier,* 1740, in-4. cart. et fig. dem. rel. Thouvenin.

MÉMOIRES pour servir à l'Histoire naturelle des Animaux; (par Perrault.) *Paris, Impr. Roy.* 1671, gr. in-fol. fig. v. br. = Suite des Mémoires pour servir à l'Histoire naturelle des Animaux. *Paris , Impr. Roy.* gr. in-fol. fig. v. br.

MÉMOIRE sur des Bois de Cerfs fossiles trouvés en creusant un puits dans les environs de Montélimar en Dauphiné, à 14 pieds 2 pouces de profondeur, le 28 du mois d'août dernier (1775); (par Faujas de St.-Fonds.) *Grenoble et Paris*, 1776, in-4. fig. color. dem. rel.

MEMORABILIUM (G. F. M.) Saxoniæ subterraneæ. Pars prima (german.). *Leipzig, Groschuffen*, 1709, in-4. fig. carton.

MERCATI (Michaelis) Samminiatensis Metallotheca; opus posthumum....; operâ autem, et studio Joannis Mariæ Lancisii illustratum. Cui accessit appendix.... *Romæ,* 1719, in-fol. fig. v. br.
Exempl. de Girardot de Préfond.

MERIAN — Erucarum ortus, alimentum et paradoxa metamorphosis, in quâ origo, pabulum, transformatio, nec non tempus, locus et proprietates erucarum, vermium, papilionum, phalænarum, muscarum, aliorumque hujusmodi exsanguium animalculorum exhibentur in favorem, atque insectorum, herbarum, florum et plantarum amatorum, tùm etiam pictorum, limbolarium, aliorumque commodum exactè inquisita, ad vivum delineata, typis excusa, compendiosèque descripta per Mariam Sibillam Merian. *Amstelædami, apud J. Oosterwyk*, in-4. fig. v. br.

= De Europische Insecten, naauwkeurig onderzogt, na't leven geschildert, en in print gebragt door Maria Sibilla Merian; met een korte Beschryving.... In't Frans beschreeven door J. Marret, en door een voornaam Liefhebber in't Nederduits vertaalt. *Amsterdam, Bernard,* 1730, in-fol. fig. v. éc. dent.

= Histoire générale des Insectes de Surinam et de toute l'Europe, contenant leurs descriptions, leurs figures, leurs différentes métamorphoses, de même que les descriptions des plantes, fleurs et fruits dont ils se nourrissent, et sur lesquels on les trouve le plus communément, avec quelques détails sur les crapauds, lézards, serpens, araignées et autres pe-

tits animaux de Surinam, peints sur les lieux, et
gravés avec soin ; par mademoiselle Marie Sybille de
Merian....; troisième édition, revue, corrigée et
considérablement augmentée, par M. Buch'oz...., à
laquelle on a joint une troisième partie, qui traite
des plus belles fleurs...., avec leur description exacte,
leur culture et leurs propriétés.... *Paris, Desnos,*
1771, gr. in-fol. fig. color. 3 parties reliées en 2 vol.
mar. vert, fil. tr. dor.

> On a ajouté à cet exempl. l'Histoire naturelle de différens Oiseaux
> qui habitent le globe, trad. du lat. de Jonston. *Paris, Desnos,*
> 1773, gr. in-fol. fig. color. 2 parties.

MERIAN.— Mariæ Sibillæ Merian Dissertatio de Genera-
tione et Metamorphosibus Insectorum Surinamen-
sium, in quâ, præter Vermes et Erucas Surinamenses,
earumque admirandam metamorphosin, plantæ, flores
et fructus, quibus vescuntur, et in quibus fuerunt
inventæ, exhibentur. His adjunguntur Bufones, La-
certi, Serpentes, Araneæ, aliaque admiranda istius
regionis Animalcula; omnia manu ejusdem Matronæ
in America ad vivum accurate depicta, et nunc æri
incisa. Accedit Appendix Transformationum Piscium
in Ranas, et Ranarum in Pisces. *Amstelædami,
apud Oosterwyk,* 1719, gr. in-fol. fig. en noir, m.
bl. à comp. tr. dor. Derome.

= Le même ouvrage en hollandais. (Maria Sybilla
Meriaen over de voortteeling en wonderbaerlyke ve-
randeringen der Surinaamsche Insecten....) *Amsterdam, Bernard,* 1730, gr. in-fol. fig. color. mar. bl.
tr. dor. Derome.

MERRETT.—Pinax Rerum Naturalium Britannicarum,
continens Vegetabilia, Animalia et Fossilia, in hâc
Insulâ reperta inchoatus; autore Christophoro Merrett. *Londini,* 1667, in-12. bas. br.

MEYER. — Taschenbuch der deutschen Vögelkunde
oder kurze Beschreibung aller Vögel Deutschlands

von Hofrath Dr Meyer zu Offenbach und Professor Dr Wolf zu Nürnberg Mitglieder von mehreren gelehrten Gesellschaften. *Frankfurt am Main, Wilmans,* 1810, in-8. fig. color. 2 vol. br. en cart.

MEYRANX. — Résumé de Mammalogie, ou d'Histoire naturelle des Mammifères....; par M. Meyranx. *Paris,* 1828, in-32. fig. 2 vol. dem. rel. Thouvenin.

MILIUS. — De Origine Animalium et Migratione Populorum, scriptum Abrahami Milii. Ubi inquiritur, quomodò quâque viâ homines cæteraque Animalia terrestria provenerint; et post deluvium in omnes orbis terrarum partes et regiones : Asiam, Europam, Africam, utramque Americam, et Terram Australem, sive Magellanicam, pervenerint. *Genevæ,* 1667, petit in-12. dem. rel. Thouvenin.

MILLER. — A natural History of the Crinoidea, or Lily-shaped Animals : with Observations on the Genera Asteria, Euryale, Comatula et Marsupites; by J. S. Miller. *Bristol,* 1821, in-4. pap. vél. fig. color. dem. rel. Thouvenin.

MILLET. — Faune de Maine-et-Loire, ou Description méthodique des Animaux qu'on rencontre dans toute l'étendue du département de Maine-et-Loire, tant sédentaires que de passage, avec des Observations sur leurs mœurs, leurs habitudes, etc.; par P. A. Millet. *Paris, Rosier,* 1828, in-8. 2 vol. dem. rel. Thouvenin.

= Mollusques terrestres et fluviatiles observés dans le département de Maine-et-Loire; par P. A. Millet. *Angers,* 1813, in-12. br.

MILLIN. — Élémens d'Histoire naturelle....; par A. L Millin; 3e édit...., considérablement augmentée. *Paris, Léger,* an x-1802, in-8. fig. br.

MILLOT. — L'Art de procréer les Sexes à volonté, ou

Système complet de Génération; par Jacques-André Millot. *Paris*, an IX, (1800,) in-8. fig. dem. rel.

Mɪʀʙᴇʟ. *Voyez* Bᴜꜰꜰᴏɴ.

Mᴏᴅᴇʀᴀɴᴛᴇ auxilio Redemptoris supremi, Kirani Kiranides, et ad eas Rhyakini Koronides. Quorùm ille in Quaternatio tàm Librorum, quàm Elementari, è totidem Linguis, primò de Gemmis xxɪv. Herbis xxɪv. Avibus xxɪv. ac Piscibus xxɪv. quadrifariàm semper, et ferè mixtìm ad Tetrapharmacum constituendum agit; indè Libro ɪɪ. de Animalibus xʟ. Lib. ɪɪɪ. de Avibus xʟɪv. sigillatìm, et Lib. ɪv. de ʟxxɪv. Piscibus iterùm, eorumq. viribus medicamentosis : hic verò studio pariter quadrifido Ms. post semi-millenarium annorum ex inemendatissimo primùm edidit, 2. Notis interspersis subjunctisq. illustravit, 3. Præfatione Isagogicâ ornavit, et 4. deniq. Indicibus auxit. In-12. v m.

Mᴏʟɪɴᴀ. — Saggio sulla Storia naturale del Chili, del signor abate Giovanni Ignazio Molina. *In Bologna*, 1782, in-8. dem. rel. Thouvenin.

= Saggio sulla storia naturale del Chili di Gio. Ignazio Molina seconda edizione accresciuta e arrichita di una nuova carta geografica e del ritratto dell' autore. *Bologna*, 1810, in-4. portr. et cart. dem. rel. Thouvenin.

= Essai sur l'Histoire naturelle du Chili; par M. l'abbé Molina; trad. de l'italien et enrichi de notes, par M. Gruvel. *Paris, Née de la Rochelle*, 1789, in-8. demi-rel.

Mᴏʟʟ. — Eschara ex Zoophytorum seu Phytozoorum ordine pulcherrimum ac notatu dignissimum genus novis speciebus auctum, methodicè descriptum, et iconibus ad naturam delineatis illustratum à Joanne Paulo Carolo à Moll. *Vindobonæ*, 1803, in-4. fig. dem. rel. Thouvenin.

Moll. *Voyez* **Fichtel.**

Montagu. — Supplement to the Ornithological Dictionary, or Synopsis of British Birds; by George Montagu. *Exeter, Bagster,* 1813, in-8. fig. br. en cart.

= Testacea britannica or natural History of British shells, marine, land, and Fresh-Water, including the most minute : systematically arranged and embellished with figures; by George Montagu. *London, White,* 1803, in-4. pap. vél. fig. color. 2 vol. = Supplement to Testacea Britannica with additional plates; by George Montagu. *London, White,* 1808, in-4. pap. vél. fig. color.; en tout 3 vol. cuir de Russie, dent. tr. dor. Thouvenin.

Montfort. — Conchyliologie systématique, et classification méthodique des Coquilles......; par Denys de Montfort. *Paris, Schœll,* 1808 à 1810, in-8. fig. 2 vol. dem. rel.

Moro. — De' Crostacei e degli altri marini Corpi che si truovano su' monti libri due di Anton-Lazzaro Moro. *Venezia,* 1740, in-4. fig. v. m.

Moufet. — Insectorum sive Minimorum animalium theatrum : olim ab Edoardo Wottono; Conrado Gesnero; Thomâque Pennio inchoatum : tandem Tho. Moufeti Londinâtis operâ sumptibusq.; maximis concinnatum, auctum, perfectum.... *Londini,* 1634, in-4. fig. v. br.

Mouton. — Traité élémentaire d'Ornithologie... suivi de l'Art d'empailler les Oiseaux; par M. J. P. Mouton-Fontenille. *Lyon,* 1811, in-8. fig. 3 vol. br.

Muller. — Animalcula infusoria fluviatilia et marina, quæ detexit, systematicè descripsit et ad vivum delineari curavit Otho Fridericus Müller..... *Hauniæ,* 1786, in-4. fig. dem. rel.

MULLER.— Entomostraca seu Insecta Testacea, quæ in aquis Daniæ et Norvegiæ reperit, descripsit et iconibus illustravit Otho Fridericus Müller. *Lipsiæ et Havniæ*, 1785, in-4. fig. color. dem. rel.

= Hydrachnæ, quas in aquis Daniæ Palustribus detexit, descripsit, pingi et tabulis XI æneis incidi curavit otho Fridericus Müller. *Lipsiæ*, 1781, in-4. fig. color. dem. rel.

= *Voyez* RUMPH.

MURRAY. *Voyez* FORSTER.

MUSÉE de l'Enfance, ou Galerie d'Animaux sauvages et domestiques de tous les pays....., ouvrage destiné à l'amusement et à l'instruction de l'enfance. *Paris*, *Eymery* (1817), in-8. obl. fig. color. dem. rel. dos de mar. r.

NASH. — A practical treatise on British Song Birds; in which is given every information relative to their Natural History, Incubation, etc. Together with the method of rearing and managing both old and young birds; by Joseph Nash. *London, Sherwood*, 1824, in-12. fig. color. br. en cart.

NATUERLYKE historie van der Couchenille..... Histoire naturelle de la Cochenille, justifiée par des documens authentiques (en holland. et en franç.); (par Melchior de Ruscher. (*Amsterdam, Uytwerf*, 1729, in-8. fig. dem. rel. non rogné.

NATURAL (The) History of Quadrupeds, and Cetaceous animals; from the works of Oliver Goldsmith, and all the best authors, antient and modern. *London, Offor*, 1821, in-8. fig. color. 2 vol. br. en cart.

NAUMMANN'S (Johann Andreas), Naturgeschichte der Vögel Deutschlands, nach eigenen Erfahrungen entworfen. Durchaus umgearbeitet, systematisch geordnet, sehr vermehrt, vervollständigt, und mit getreu nach der Natur eigenhändig gezeichneten und gestochenen Abbildungen aller deutschen Vögel, nebst ihren Hauptverschiedenheiten, aufs Neue herausgegeben von dessen Sohne Johann Friedrich Naumann. *Leipzig, Ernst Fleischer,* 1822 à 1826, in-8. fig. color. 5 vol. br.

NEMNICH. — Allgemeines Polyglotten-Lexicon der Naturgeschichte mit erklærenden Anmerkungen von Philipp Andreas Nemnich. *Hamburg,* in-4. 2 vol. bas. rac.

= Wörterbücher der Naturgeschichte in der Deutschen, Holländischen, Dänischen, Schwedischen, Englischen, Französischen, Italienischen, Spanischen und Portugisischen Sprache von Philip Andreas Nemnich. *Hamburg,* s. d. in-4. bas. rac.

NEUCRANTZI (D. O. M. S. Pauli) Rostochiensis, de harengo exercitatio medica, in quâ principis piscium exquisitissima bonitas summaq. gloria asserta et vindicata, ad amplissimos Reipubl. Lubec. consules. *Lubecæ,* 1654, in-4. carton.

NICOLAS. — Méthode de préparer et conserver les animaux de toutes les classes, pour les cabinets d'Histoire naturelle; par P. F. Nicolas. *Paris, Buisson,* an IX, in-8. fig. dem. rel.

NIEBUHR. *Voyez* FORSKÄL.

NILSSON. — Historia Molluscorum Sueciæ terrestrium et fluviatilium breviter delineata à Svenono Nilsson. *Lundæ,* 1822, in-8. dem. rel.

NODIER. — Bibliographie entomologique, ou Catalogue raisonné des ouvrages relatifs à l'Entomologie et aux Insectes, avec des notes critiques et l'exposition des méthodes; par Charles Nodier. *Paris, Moutardier,* an IX, in-18. dem. rel.

NOTICE des Travaux de la Société des Amateurs des Sciences physiques et naturelles de Paris : première année. *Paris,* 1807, in-8. fig. dem. rel.

NOUVEAU (le) Buffon de la Jeunesse, ou Précis élémentaire de l'Histoire naturelle à l'usage des jeunes gens des deux sexes ; 3ᵉ édit. *Paris, Genets,* 1817, in-18. fig. 4 vol. br.

NOUVEAU Dictionnaire d'Histoire naturelle..... ; par une Société de naturalistes et d'agriculteurs ; nouv. édit..... *Paris, Déterville,* 1816 à 1819, in-8. fig. 36 vol. dem. rel.

OBSEQUENTIS (Julii) quæ supersunt ex libro de Prodigiis. Cum animadversionibus Joannis Schefferi, et supplementis Conradi Lycosthenis. Curante Francisco Oudendorpio. *Lugduni Batavorum, apud Luchtmans,* 1720, in-8. mar. r. à comp. l. r. non rogné.

= Jules Obsequent des Prodiges ; plus, trois Livres de Polydore Vergile sur la mesme matière ; trad. du latin en françois ; par George de la Bouthiere Autunois. *Lyon, Jan de Tournes,* 1555, in-8. fig. dem. rel. dos de mar. r.

OBSERVATIONS faites dans les Pyrénées, pour servir de suite à des observations sur les Alpes, insérées dans une traduction des Lettres de W. Coxe sur la Suisse. *Paris, Belin,* 1789, in-8. cartes, v. gr. dent. tr. dor.

OBSERVATIONS sur la structure des yeux de divers insectes, et sur la trompe des papillons ; contenues en deux Lettres au R. P. Lamy, religieux bénédictin, et dans un Mémoire qui explique les figures de quelques objets qu'on découvre par le secours du microscope. *Lion, Plaignard,* 1706, in-8. fig. v. br.

OISEAUX peints en Chine, gr. in-fol. carton.

Olivi. — Zoologia Adriatica ossia catalogo ragionato degli animali del golfo e delle lagune di Venezia; preceduto da una dissertazione sulla storia fisica e naturale del golfo; e accompagnato da memorie, ed osservazioni di fisica storia naturale ed economia dell'abate Giuseppe Olivi. *Bassano,* 1792, in-4. fig. dem. rel. Thouvenin.

Olivier. — Entomologie, ou Histoire naturelle des Insectes.....; par M. Olivier. *Paris,* 1789 à 1808, in-4. fig. color. 6 tomes rel. en 8 vol. dem. rel. dos de mar. r.

Oppiani de piscibus libri V; Ejusdem de Venatione libri IIII; Oppiani de piscibus Laurentio Lippio interprete libri V. *Venetiis in œdibus Aldi,* 1517, pet. in-8. mar. r. dent. tr. dor.

Oppiani poetæ cilicis de Venatione libri IV; et de Piscatione libri V; Cum Paraphrasi græca Librorum de Aucupio, græcè et latinè; curavit Joh. Gotflob Schneider. *Argentorati, Sumpt. Am. König,* 1776, in-8. mar. r. fil. tr. dor.

Ornithologia Methodicè digesta..... Storia naturale degli Uccelli trattata con metodo e adornata di figure intagliate in rame e miniate al naturale. *In Firenze,* 1767, gr. in-fol. fig. col. 5 vol. dem. rel. dos de cuir de Russie, dent.

Ornithotrophie artificièle, ou Art de faire éclore et d'élever la volaille par le moyen d'une chaleur artificièle. *Paris, Morin,* 1780, in-12, fig. v. m.

Oudart. *Voyez* Vieillot.

Palæphati de Incredibilibus. Cornelius Tollius in latinum sermonem vertit, et notis illustravit (græc. et lat.). *Amstelod. apud Lud. Elzevirium,* 1649, pet. in-12. mar. bl. dent. tr. dor. Simier, l. r.

= De Incredibilibus græcè sextùm edidit ad fidem cod.

ms. mosquensis aliorumque et libri aldini denuò recensuit emendavit explicavit indicemque verborum græcorum copiosissimum adjecit Joh. Frider. Fischerus. Accessere prolusiones quatuor in Palæphati Fabulas unà cum orationibus duabus. *Lipsiæ sumtu Fritschii*, 1788, in-8. dem. rel. dos de mar. r. non rogné.

PALISOT. — Insectes recueillis en Afrique et en Amérique, dans les royaumes d'Oware et de Benin, à Saint-Domingue et dans les Etats-Unis, pendant les années 1786 à 1797; par Palisot de Beauvois. *Paris, l'auteur*, an xiv–1805 à 1821, in-fol. fig. color. br.

PALLAS. — Observations sur la formation des Montagnes, et les changemens arrivés à notre globe, pour servir à l'Histoire naturelle de M. le comte de Buffon; par P. S. Pallas. *Saint-Pétersbourg et Paris*, 1782, in-12. v. rac.

PAPILLONS, Insectes et Plantes de la Chine; gr. in-fol. dem. rel. dos de mar. bleu.

Recueil de 12 Peintures faites en Chine, sur papier du pays.

PAULLINI (Christiani Francisci) Lagographia curiosa, seu Leporis Descriptio, juxtà methodum et leges Augustæ ac Imperialis Academiæ Leopoldinæ Nat. curios. adornata, selectisque observationibus et curiositatibus conspersa. *Augustæ Vindelicorum*, 1691, in-12. v. j. fil.

PAYKULL. — Monographia Staphylinorum Sueciæ à Gustavo de Paykull. *Upsaliæ*, 1789, in-8. br.

PAYRAUDEAU. — Catalogue descriptif et méthodique des Annelides et des Mollusques de l'île de Corse; par B. C. Payraudeau. *Paris, Béchet jeune*, 1826, in-8. fig. dem. rel.

= Le même ouvrage, même édition. Fig. color br.

PENNANT. — British zoology; by Thomas Pennant; a
new edition. *London,* 1812, in-8. fig. 4 vol. dem.
rel. dos de cuir de Russie.

= Le nord du globe, ou Tableau de la nature, dans
les contrées septentrionales.....; trad de l'angl. de M.
Pennant. (Par Le Tourneur.) *Paris, T. Barrois,*
1789, in-8. fig. 2 vol. dem. rel. Thouvenin.

PERRAULT. — Mémoires pour servir à l'Histoire naturelle des Animaux. Dressez par M. Perrault. *Paris,*
Impr. Roy., 1676, gr. in-fol. fig. v. m.

PERRY. — Conchology, or the natural history of shells;
by George Perry. *London, Miller,* 1811, in-fol.
pap. vél. fig. color. mar. r. dent.

PETIT. — Nouvel essai sur l'Oisellerie, calqué sur les
températures analogues à celle extraordinaire de
1816; par Jⁿ. F^{çois}. Petit. Ou Histoire naturelle des
Oiseaux, ou bien, suite de topographies descriptives
des passages périodiques des oiseaux, le long des
divers fleuves et rivières, depuis les Vosges jusques
en Flandres et au delà. *Ypres, Smaelen-Moerman.*
in-8. dem. rel. Thouvenin.

PHILE de Animalium proprietate, ex primâ editione
Arsenii et libro oxoniensi restitutus à Joanne Cor-
nelio de Pauw, cum ejusdem animadversionibus et
versione latinâ Gregorii Bersmanni. Accedunt ex
eodem libro oxoniensi non pauca hactenùs inedita.
Trajecti ad Rhenum, 1730, pet. in-4. dem. rel. dos
de mar. r. non rogné.

PHILLIPS. — Illustrations of the Geology of Yorkshire,
or a Description of the strata and organic remains
of the Yorkshire coast; by John Phillips. *York, the*
author, 1829, in-4. fig. br. en cart.

PICART. — Recueil de Lions, dessinez d'après nature
par divers maîtres et gravez par Bernard Picart.

Amsterdam, Bernard Picart, 1729, in-4. obl. v. m.

Picot. *Voyez* Lapeirouse.

Planci (Jani) Ariminensis de Conchis minùs notis liber. Cui accessit specimen æstûs reciproci maris superi ad littus portumque Arimini. Editio altera duplici appendice aucta. *Romæ in ædibus Palladis,* 1760, in-4. fig. dem. rel. Thouvenin.

Plinii (C.) Secundi Historiæ naturalis libri xxxvii. *Lugduni Batavorum , ex officinâ Elzevirianâ ,* 1635, petit in-12. 3 vol. mar. bl. dent. tr. dor.

== Naturalis Historiæ cum selectis doctorum virorum commentariis. *Lugd. Batav. et Roterod. ex officinâ Hackianâ,* 1669, in-8. 3 vol. vél.

== Historiæ Naturalis libri xxxvii, quos interpretatione et notis illustravit Joannes Harduinus......, in usum serenissimi Delphini. Editio altera emendatior et auctior. *Parisiis, typis Coustelier,* 1723, in-fol. gr. pap. 2 tom. en 3 vol. v. m.

== Naturalis historiæ cum interpretatione et notis integris Johannis Harduini itemque cum commentariis et adnotationibus Hermolai Barbari Pintiani Rhenani Gelenii Dalechampii Scaligeri Salmasii Js. Vossii J. F. Gronovii et variorum vol. decem recensuit varietatemque lectionis adjecit Joh. Georg. Frid. Franzius. *Lipsiæ,* 1778 à 1791, in-8. 10 vol. v. rac.

== Historiæ naturalis Libri xxxvii ex recensione Joannis Harduini præmittitur notitia litteraria accedit index studiis Societatis Bipontinæ. Editio accurata. *Biponti,* 1783 à 1784, in-8. 5 vol. dem. rel.

== Histoire naturelle de Pline, traduite en françois, avec le texte latin rétabli d'après les meilleures leçons manuscrites; accompagnée de Notes critiques pour l'éclaircissement du texte, et d'Observations sur les connoissances des anciens comparées avec les découvertes des modernes. *Paris, veuve Desaint,* 1771 à 1782, in-4. 12 vol. v. m.

PLINE. — Histoire naturelle des Animaux. Traduction nouvelle, avec le texte en regard; par P. C. B. Gueroult. *Paris, Delance,* an XI-1802, in-8. 3 vol. v. f. fil.

= Histoire naturelle de Pline; traduction nouvelle par M. Ajasson de Grandsagne, annotée par MM. Beudant, Brongniart, G. Cuvier, Daunou, Emeric David, Descuret, Doé, E. Dolo, Dusgate, Fée, L. Fouché, Fourier, Guibourt, El. Johanneau, Lacroix, Lafosse, Lemercier, Letronne, Louis Liskenne, L. Marcus, Mongès, C. L. F. Panckoucke, Valentin Parisot, Quatremère de Quincy, P. Robert, Robiquet, H. Thibaud, Thurot, Valenciennes, Hipp. Vergne. *Paris, C. L. F. Panckoucke,* 1829 et suiv. in-8. 2 vol. br.

Cet ouvrage se continue.

= Sommaire des Singularitez de Pline, extraict des seize premiers livres de sa naturelle Histoire, et mis en vulgaire françoys par Pierre de Changy. *Paris, Charles l'Angelier,* 1542, petit in-8. v. m.

= Histoire naturelle de l'Or et de l'Argent, extraite de Pline le Naturaliste, Livre XXXIII, avec le texte latin, corrigé sur les Mss. de Vossius et sur la 1re édition, et éclairci par des remarq. nouvelles, outre celles de J. F. Gronovius; et un Poëme sur la Chute de l'Homme et sur les Ravages de l'or et de l'argent; par David Durand. *Londres, Bowyer,* 1729, in-fol. fig. mar. r. dent.

POIRET. — Coquilles fluviatiles et terrestres observées dans le département de l'Aisne et aux environs de Paris. Prodrome. Par. J. L. M. Poiret. *Paris, T. Barrois,* an IX, in-12. v. rac.

Poissons des mers du Japon. In-fol. obl. dem. rel. dos
de mar. r.

Recueil de 40 espèces de Poissons, peints au Japon, et rapportés
par M. Titzingh.

Poissons, Écrevisses et Crabes de diverses couleurs
et figures extraordinaires, que l'on trouve autour
des isles Moluques et sur les côtes des terres Aus-
trales.... Ouvrage.... divisé en deux tomes, dont le
premier a été copié sur les originaux de monsr.
Baltazar Coyett....; le second tome a été formé sur
les recueils de monsr. Adrien Vander Stell....; avec
une courte description de chaque poisson. *Amsterdam, donné au public par Louis Renard*, in-fol.
fig. color. 2 tom. en un vol. mar. r. dent. tr. dor.

Poli. — Testacea utriusque Siciliæ eorumque historia
et anatome tabulis æneis illustrata à Josepho Xaverio
Poli. *Parmæ, ex Regio Typographico,* 1791, in-
fol. fig. doubles en noir et en couleur, 2 vol. br.

Cet ouvrage doit avoir un 3e volume.

Pontoppidans (Erich), Versuch einer natürlichen
Historie von Norwegen, worinnen die Luft, Grund
und Boden, Gewässer, Gewächse, Metalle, Mine-
ralien, Steinarten, Thiere, Vögel, Fische und endlich
das Naturel, wie auch die Gewohnheiten und Le-
bensarten der Einwohner dieses Königreichs beschrieben werden. Aus dem Dänischen übersetzt von
Johann Adolph Scheiben. *Kopenhagen, Mumme,*
1753, in-8. fig. 2 tom. rel. en 1 vol. dem. rel.

== Essai sur l'Histoire naturelle de la Norvège; par
Eric Pontoppidan; en danois. *Copenhague,* 1752 à
1753, in-4. fig. 2 vol. v. m. fil.

Porta.—Phytognomonica Jo. Baptistæ Portæ Neapol.
octo libris contenta; in quibus nova, facillimaque
affertur methodus, quâ plantarum, animalium, me-
tallorum; rerum deniquè omnium ex primâ extimæ

faciei inspectione quivis abditas vires assequatur.
1591, *Francofurti, apud Wechelum,* in-8. bas. br.

PRINCIPALES Merveilles de la Nature, où l'on traite de
la substance de la terre, de la mer, des fleuves,
lacs, rivières, montagnes, rochers, etc.; avec un
précis des choses les plus surprenantes qui s'y
voyent, comme animaux, poissons, arbres, plantes,
fruits, diamants, etc.; ouvrage rempli d'histoires,
avantures et evénements extraordinaires arrivez dans
l'Europe, l'Asie, l'Afrique et l'Amérique; tiré des
meilleurs auteurs anciens et modernes. *Amsterdam,
Marret,* 1723, in-16. mar. citr. tr. dor.

PUJOULX. — Minéralogie à l'usage des gens du monde...;
par J. B. Pujoulx. *Paris, veuve Lepetit,* 1813,
in-8. fig. dcm. rel. Thouvenin.

== Le Naturaliste du second âge; ouvrage destiné à
servir de suite et de complément au Livre du second
âge....; par J. B. Pujoulx. *Paris, Gide,* an XIII-1805,
in-8. fig. br.

== Promenades au Jardin des Plantes, à la Ménagerie
et dans les galeries du Muséum d'Histoire naturelle,
contenant des notions claires, et à la portée des
gens du monde, sur les végétaux, les animaux et
les minéraux les plus curieux et les plus utiles de
cet établissement....; par J. B. Pujoulx. *Paris,*
an XII-1803, in-18. fig. 2 tom. en 1 vol. bas. rac.

PULTENEY. — Revue générale des Écrits de Linné;
ouvrage dans lequel on trouve les anecdotes les
plus intéressantes de sa vie privée, un abrégé de
ses systèmes et de ses ouvrages, un extrait de ses
Aménités académiques, etc.; par Richard Pulteney;
trad. de l'angl. par L. A. Millin de Grandmaison;
avec des notes et des additions du traducteur. *Londres et Paris, Buisson,* 1789, in-8. 2 vol. dem. rel.
Thouvenin.

PUYMAURIN — Mémoires sur différens sujets relatifs aux sciences et aux arts; par M. de Puymaurin. *Toulouze et Paris*, 1811, in-8. br.

> Ce vol. ne contient qu'un Mémoire sur l'Hist. nat. intitulé : Recherches sur le Ver blanc qui détruit l'écorce des arbres.

QUADRUPEDI (I) di Sardegna. *Sassari, 1774. Piattoli*, in-8. carte, dem. rel. Thouvenin.

QUELQUES MÉMOIRES sur différens sujets, la pluspart d'Histoire naturelle, ou de Physique générale et particulière. *Paris*, 1807, in-8. dem. rel. Thouvenin.

QUOY. — Voyage autour du Monde, exécuté sur les corvettes de S. M. l'Uranie et la Physicienne, pendant les années 1817, 1818, 1819 et 1820....; par M. Louis de Freycinet, capitaine de vaisseau. Zoologie, par MM. Quoy et Gaimard, médecins de l'expédition. *Paris, Pillet*, 1824, 1 vol. in-4. de texte et 16 livr. de planches coloriées, sur pap. de Ch. in-fol. br.

RACKETT. *Voyez* MATON.

RANG. — Histoire naturelle des Aplysiens; par M. Sander Rang. *Paris, Arthus Bertrand*, 1829, petit in-fol. fig. color. br.

= Manuel de l'histoire naturelle des Mollusques et de leurs Coquilles, ayant pour base de classification celle de M. le Baron Cuvier; par M. Sander Rang. *Paris, Roret*, 1829; in-18, fig. et atlas in-18; dem. rel. Thouvenin,

RAY. — Zoologie universelle et portative, ou histoire naturelle de tous les Quadrupèdes, Cetacées, Oiseaux et Reptiles connus; de tous les Poissons, Insectes et Vers, ou nommés, ou anonymes, mais indigènes; et d'un très grand nombre de Poissons, d'Insectes et de Vers anonymes et exotiques.....; par l'abbé Playcard-Augustin-Fidele Ray. *Paris*, *l'Auteur*, 1788, in-4. v. gr.

Ray. — Le même ouvrage. Avec un nouveau supplément destiné aux plus récentes connoissances zoologiques d'après nos meilleurs professeurs d'histoire naturelle, rédigé par L. F. Jauffret. *Paris, Bossange,* 1804, in-4. dem. rel. Thouvenin.

Razoumowsky. — Histoire naturelle du Jorat et de ses environs, et celle des trois lacs de Neufchatel, Morat et Bienne, précédées d'un essai sur le Climat, les Productions, le Commerce, les Animaux de la partie du pays de Vaud ou de la Suisse Romande, qui entre dans le plan de cet ouvrage; par M. le Comte G. de Razoumowsky. *Lausanne, Mourer,* 1789, in-8. fig. 2 vol. bas. rac.

Réaumur. — Art de faire éclorre et d'élever en toute saison des Oiseaux domestiques de toutes espèces, soit par le moyen de la chaleur du fumier, soit par le moyen de celle du feu ordinaire; par M. de Réaumur. Seconde édition, *Paris, Impr. roy.,* 1751, in-12. fig. v. gr. fil.

= Mémoires pour servir à l'histoire des Insectes; par M. de Réaumur, de l'Acad. roy. des sciences. *Paris, Impr. roy.,* 1734 à 1742, in-4. fig. 6 vol. cart.

Recueil de Chevaux peints en Chine. In-4. obl. dem. rel. dos de mar. j.

Recueil de dessins de Coquilles peints en Chine et reliés en un vol. in-fol. obl. dem. rel. dos de mar. r.

Recueil de Mémoires, ou Collection de pièces académiques, concernant la Médecine, l'Anatomie et la Chirurgie, la Chymie, la Physique expérimentale, la Botanique et l'Histoire naturelle, tirées des meilleures sources, et mis en ordre par feu M. Berryat (et autres). *Dijon,* 1754 à 1779, in-4. 29 vol. v. m. = Nouvelle table des articles contenus dans les volumes de l'Acad. roy. des sciences de Paris, depuis 1666 jusqu'en 1770, dans ceux des Arts et Métiers publiés par cette Acad., et dans la Collection académique; par M. l'abbé Rozier. *Paris, Ruault,* 1775 à 1776, in-4. 4 vol. v. rac.

RECUEIL de planches gravées représentant des Animaux et reliées en un vol. in-4. v. rac. dent.

REDI. — Esperienze intorno alla generazione degl' Insetti fatte da Francesco Redi. *In Firenze,* 1668, in-4. fig. v. m. fil.

REGENFUSS. — Choix de Coquillages et de Crustacés peints d'après nature, gravés en taille douce et illuminés de leurs vraies couleurs, par François Michel Regenfuss. *Copenhague,* 1758, grand in-fol. fig. color. v. m. à comp.

Exempl. de présent avec le titre et les vignettes en rouge.

RETZIUS. *Voyez* LINNÉ.

RICHARDSON. — Fauna Boreali-Americana; or the Zoology of the northern parts of Bristish America : containing descriptions of the objects of natural history collected on the late northern land expeditions, under command of captain Sir John Franklin. R. N. By John Richardson, surgeon and naturalist to the expeditions, assisted by William Swainson and William Kirby. *London, Murray,* 1829, in-4. fig. v. f. fil. rel angl.

RIDINGER. — Description du Cheval, selon ses poils principaux et leurs diverses divisions, sa complexion et les qualités qui en résultent; par Jean Elie Ridinger. (en allem. et en franç.), in-4. fig. color. mout. vert.

Ce livre n'a pas de titre imprimé, mais on lit au bas du frontispice gravé : *Verfertiget von Joh. Elias Ridinger Seel. Aug. Vindel.*

RISSO. — Histoire naturelle des Crustacés des environs

de Nice ; par A. Risso. *Paris,* 1816, in-8. dem.
rel.

RISSO. — Histoire naturelle des principales productions
de l'Europe Méridionale et particulièrement de celles
des environs de Nice et des Alpes maritimes ; par A.
Risso. *Paris, Levrault,* 1826, in-8. fig. dem, rel.
Thouvenin.

== Ichthyologie de Nice, ou Histoire naturelle des
Poissons du départemant des Alpes maritimes ; par
A Risso.. *Paris, Schœll,* 1810, in-8. fig. dem rel.

ROBINEAU. *Voyez* DESVOIDY.

ROESEL. *Voyez* ROSEL.

ROLAND. — Aglossostomographie, ou Description d'une
bouche sans langue, laquelle parle et faict naturelle-
ment toutes ses autres fonctions ; par Me Jacques
Roland, Sr de Belebat. *Saumur,* 1630, in-16. mar.
r. tr. dor.

RONDELETII (Gulielmi), Libri de Piscibus marinis, in
quibus veræ Piscium effigies expressæ sunt. Quæ in
totâ Piscium historiâ contineantur, indicat Elenchus
paginâ nonâ et decimâ. Postremò accesserunt indices necessarii. *Lugduni, apud Matthiam Bonhomme,* 1554, petit in-fol. fig. v. f. fil.

== Aquatilium historiæ pars altera, cum veris ipso-
rum imaginibus. His accesserunt indices necessarii.
Lugduni, apud Matthiam Bonhomme, 1555, in-fol.
fig. bas. m.

== La première (et la seconde) partie de l'histoire en-
tière des Poissons, composée premièrement en latin
par maistre Guilaume Rondelet, maintenant traduite en françois sans avoir rien omis estant necessaire à l'intelligence d'icelle, avec leurs pourtraits au
naïf. *Lion, Mace Bonhomme,* 1558, in-4. fig.
mar. r. fil. tr. dor.

Rosel. — Historia naturalis Ranarum nostratium in quâ omnes earum proprietates, præsertìm quæ ad generationem ipsarum pertinent, fusiùs enarrantur. Cum præfatione illustris viri Alberti V. Haller, edidit accurratisque iconibus ornavit, Augustus Joannes Roesel von Rosenhof. *Norimbergæ*, 1758, in-fol. fig. doubles en noir et color. v. éc. fil. tr. dor.

= Der Monatlich-herausgegeben Insecten. — Belüstigüng..... von August Johann Rösel. *Nürnberg*, 1746 à 1761, petit in-4. fig. color. 4 vol. v. m.

Rossius. — Fauna Etrusca sistens Insecta quæ in provinciis Florentina et Pisana præsertìm collegit Petrus Rossius. *Liburni*, 1790, in-4. fig. color. 2 vol. dem. rel. dos de mar. r.

Rousse. — Instinct, mœurs et sagacité des Animaux, ou Lettres de deux amies sur l'histoire naturelle, recueillies et publiées par M. B. Rousse. *Paris, Werdet*, 1830, in-12. fig. br.

Rousseau. — Anatomie comparée du système dentaire chez l'Homme et chez les principaux Animaux, par L. F. Em. Rousseau. *Paris, Belin*, 1827, grand in-8. fig. dem. rel. Thouvenin.

Roux. — Crustacés de la Méditerranée et de son littoral, décrits et lithographiés par Polydore Roux. *Paris et Marseille*, 1828, in-4. fig. color. liv. 1 à 3, br.

Cet ouvrage se continue.

= Ornithologie provençale, ou Description avec figures coloriées de tous les oiseaux qui habitent constamment la Provence, ou qui n'y sont que de passage..... par Polydore Roux. *Marseille, l'auteur*, 1825 et suiv. in-4. fig. color. 48 livr. br.

Cet ouvrage se continue.

Roux (le) — L'Art entomologique, poëme didactique

en six chants, avec des notes, où les insectes sont
considérés relativement à leur utilité, aux traits particuliers de leur histoire, et à l'art de les recueillir,
de les élever et de les conserver; par M. Le Roux. *Versailles*, 1814, et *Paris*, in-8. dem. rel. Thouvenin.

Royou. — Le monde de Verre réduit en poudre, ou
Analyse et réfutation des époques de la nature de
M. le comte de Buffon; par M. l'abbé Royou. *Paris*,
Mérigot, in-12. v. f. dent. tr. dor.

Rozier. — Introduction aux observations sur la Physique, sur l'Histoire naturelle et sur les Arts; par
M. l'abbé Rozier. *Paris*, 1777, in-4. fig. 2 vol. ⸗
Observations sur la Physique, sur l'Histoire naturelle
et sur les Arts; par M. l'abbé Rozier (et autres) 1773
à 1793. *Paris*, 1784 à 1793, in-4. fig. 44 tom. en
22 vol. ⸗ Journal de physique, de chimie et d'histoire naturelle; par Jean Claude Lamétherie et autres. *Paris*, an II (1794) à 1823, in-4. fig. 53 tom.
en 49 vol. en tout 99 tom. en 73 vol. v. m.

Rudiments of Conchology : designed as a familiar introduction to the science, for the use of young persons; by the author of « the geographical Present. »
London, 1826, in-12, fig. dos de mar. rais. de cor.
rel. angl.

Rumph. — Thesaurus imaginum piscium testaceorum..... quorum omnium maximam partem Georgius
Everhardus Rumphius, collegit; jàm verò naturæ
amator et curiosus quidam in hunc ordinem digessit, et nitidissimè æri incidi curavit. *Lugduni-Ba-
tavorum*, 1711, in-fol. fig. v. f. fil.

⸗ Georg. Eberhard Rumphs. Amboinische raritäten-
cammer..... (Cabinet des raretés de l'île d'Amboine,
trad. de Georges Rumph, par Ph. Lo. Stace Müller,
revu et augmenté d'écrits sur la Conchyliologie par

Jean Hier Chemnitz. *Wienne,* 1760, in-fol. fig. v. j. à compart.

SAINT-AMANS. — Philosophie entomologique, ouvrage qui renferme les généralités nécessaires pour s'initier dans l'étude des insectes...... par J. Flor. Saint-Amans. *Agen* et *Paris,* an VII, in-8. dem. rel.

SAINT-LAURENT. *Voyez* JOANNON.

SAINT-SAUVEUR. *Voyez* GRASSET.

SALERNE. — L'Histoire naturelle, éclaircie dans une de ses parties principales, l'Ornithologie, qui traite des oiseaux de terre, de mer et de rivière, tant de nos climats que des pays étrangers. Ouvrage traduit du latin du Synopsis avium de Ray, augmenté d'un grand nombre de descriptions et de remarques historiques sur le caractère des Oiseaux, leur industrie et leurs ruses; par M. Salerne. *Paris, Debure,* 1767, in-4. fig. color. mar. r. fil. tr. dor.

SALVI. — Memorie intorno le Locuste Grillajole di Lodovico Salvi. *Verona,* 1750, in-8. v. rac.

SALVIANI. — Aquatilium animalium historiæ..... Hippolyto Salviano Typhernate. *Romæ,* 1554, in-fol. fig. mar. bleu tr. dor.

SAVIGNY. — Histoire naturelle et mythologique de l'Ibis; par Jules-César Savigny. *Paris, Allais,* 1805, in-8. fig. br.

= Le même ouvrage, même édition br.

On a ajouté à cet exempl. un opuscule du même auteur intitulé : *Culte des Oiseaux.*

SCHÆFFER (Jacobi Christiani) Epistola ad Regio-Borussicam Societatem litterariam Duisburgensem de studii ichthyologici faciliori ac tutiori methodo. *Ratisbonæ,* 1760, in-4. fig. color. carton.

Schæffer.—Piscium Bavarico-Ratisbonensium Pentas. *Ratisbonæ*, 1761, in-4. fig. color. br.

= Elementa Ornithologica; editio secunda. *Ratisbonæ*, 1779, in-4. fig. color mar. r. fil. tr. dor. Derome.

Scheuchzer. — Piscium querelæ et vindiciæ expositæ à Johanne Jacobo Scheuchzero. *Tiguri*, 1708, in-4. fig. dem. rel. Thouvenin.

Schirach. — Histoire naturelle de la Reine des Abeilles, avec l'art de former des essaims, de M. A. G. Schirach; on y a ajouté la correspondance de l'auteur avec quelques sçavans, et trois Mémoires de l'illustre M. Bonnet de Genève sur ses découvertes; le tout, traduit de l'allem. ou recueilli, par J. J. Blassière. *La Haye, Staatman,* 1771, in-8. fig. bas. rac.

Schlosser (Johannis Alberti) Epistola....., de Lacerta Amboinensi....., (Belg. et Lat.) *Amstelodami,* 1768, in-4. v. m.

Schmaltz. — Caratteri di alcuni nuovi generi e nuove specie di animali e piante della Sicilia con varie osservazioni sopra i medesimi. Opusculo del sig. C. S. Rafinesque Schmaltz. *Palermo,* 1810, petit in-4. fig. dem. rel. Thouvenin.

Schmid. — Naturhistorische Beschreibung der Vögel. Nach den neuesten Hilfsquellen systematisch bearbeitet, und zum gemeinnützigen Gebrauche entworfen von Karl Schmid. Mit 140 Abbildungen. *München*, 1818, in-4. fig. br.

Schonevelde. — Ichthyologia et nomenclaturæ animalium marinorum, fluviatilium, lacustrium, quæ in florentissimis ducatibus Slesvici et Holsatiæ et celeberrimo emporio Hamburgo occurrunt triviales. Ac plerorumq. hactenùs desideratorum imagines, breves descriptiones, et explicationes auctore Stephano à Schonevelde. *Hamburgi*, 1624, in-4. v. j.

Schrank (Francisci de Paviâ) Enumeratio insectorum

Austriæ indigenorum. *Augustæ Vindelicorum*, 1781, in-8. fig. vél.

SCHRANK. *Voyez* SPIX.

SCHREBER. — Die Säugthiere in Abbildungen nach der Natur mit Beschreibungen. Von Johann Christian Daniel Schreber, 1775, in-4. fig. color. 4 vol. dem. rel.

SCHUMACHER. — Essai d'un nouveau système des habitations des Vers testacés, par 22 planches; par Chrétien Frédéric Schumacher. *Copenhague*, 1817, in-4. fig. dem. rel.

SCHWEIGGER. — Handbuch der Naturgeschichte der skelettosen ungegliederten Thiere von Dr. August Friedrich Schweigger. *Leipzig*, 1820, in-8. dem. rel. Thouvenin.

SCHWENCKFELT.— Stirpium et Fossilium Silesiæ catalogus.....; per Casparum Schwenckfelt, 1601. *Lipsiæ*, in-4. vél.

= Theriotropheum Silesiæ, in quo animalium, hoc est Quadrupedum, Reptilium, Avium, Piscium, Insectorum natura, vis et usus sex libris perstringuntur: concinnatum et elaboratum à Casp. Schwenckfeld. *Lignicii*, 1603, in-4. vél.

SCILLA. — De Corporibus marinis lapidescentibus quæ defossa reperiuntur auctore Augustino Scilla additâ dissertatione Fabii Columnæ de Glossopetris; editio altera emendatior. *Romæ*, 1752, in-4. fig. v. m.

= Le même ouvrage. *Romæ*, 1759, in-4. fig. carton.

SCOPOLI. — Deliciæ Floræ et Faunæ Insubricæ seu novæ, aut minùs cognitæ species plantarum et animalium quas in Insubriâ Austriacâ tàm spontaneas, quàm exoticas vidit, descripsit, et æri incidi curavit Joannes Antonius Scopoli. Pars I. *Ticini*, 1786, in-fol. fig. bas. m.

Seba. — Planches de Seba, Locupletissimi rerum naturalium Thesauri accurata descriptio, Accompagnées
d'un texte explicatif mis au courant de la science, et
rédigé par une réunion de savans, MM. le baron Cuvier, Desmarest, I. Geoffroy-Saint-Hilaire, Audouin,
Bois-Duval, Guillemin, Valenciennes, baron de Fe-
russac, Lesson, Guérin, Eudes Deslonchamps, ouvrage publié..... par les soins de M. E. Guérin. *Paris,
Levrault*, 1827 et années suiv. in-fol. fig. 34 liv. br.
Cet ouvrage se continue.

Selby. — Illustrations of british ornithology, by Prideaux John Selby. *Edinburgh, Constable*, 1825,
and follow. 1 vol. in-8. de texte et atlas gr. in-fol.
format eléph. fig. color.

= *Voyez* **Jardine.**

Seligmann. — Sammlung verschiedener ausländischer
und seltener Vögel, worinnen ein jeder dereselben
nicht nur auf das genaueste beschrieben, sondern
auch in einer richtigen und sauber illuminirten Ab-
bildung vorgestellet wird von Johann Michael Seligmann. *Nürnberg, J. J. Fleischman*, 1749 à 1753,
in-fol. fig. color. 2 vol. v. éc. tr. dor.

Sellii (Godofredi) Historia naturalis Teredinis seu Xy-
lophagi Marini, tubulo-conchoidis speciatìm Belgici.
Trajecti ad Rhenum, apud Besseling, 1733, in-4.
fig. vél.

Shaw. — General Zoology, or systematic natural history by George Shaw. *London, Keursley,* 1800
à 1826, in-8. gr. pap. vél. fig. 14 tom. en 28 vol.
dem. rel. dos de cuir de Russie. *Bibolet.*

= Vivarium naturæ, or the Naturalist's Miscellany; by
G. Shaw. The figures by F. P. Nodder. *London,
Nodder,* 1790 à 1813, in-8. fig. color. 24 vol. br.
en cart.

== Zoological Lectures delivered at the royal institution in the years 1806 and 1807, by George Shaw. *London*, *G. Kearsley*, 1809, in-8. gr. pap. vél. fig. 2 vol. dem. rel. dos de cuir de Russie. *Bibolet.*

SIBBALD. — Scotia illustrata sive Prodromus historiæ naturalis in quo regionis natura, incolarum ingenia et mores, morbi iisque medendi Methodus, et medicina indigena accurratè explicantur..... Auctore Roberto Sibbaldo. *Edinburgi*, 1684, in-fol. fig. v. br.

SILLIMAN.—The American Journal of Science, more especially of Mineralogy, Geology, and the other branches of natural history, including also agriculture and the ornamental as well as useful arts. Conducted by Benjamin Silliman. *New-York*, *Eastburn*, 1819 à 1829, in-8. fig. 16 vol. br.

Cet ouvrage se continue.

SINGULARITÉS (LES) de la nature; par un académicien de Londres, de Boulogne, de Petersbourg, de Berlin, etc. (Voltaire), *Basle*, 1768, in-8. dem. rel. Thouvenin.

SISTÈME d'Histoire naturelle, en IV règnes, l'animal, le végétal, le minéral, et celui des eaux, (en holl. franç. et angl.) *Hagæ-Comitum, apud Staatman*, 1765, in-fol. bas. m.

SMEATHMAN. — Mémoire pour servir à l'histoire de quelques insectes, connus sous les noms de Termès, ou fourmis blanches; par M. H. Smeathman. Ouvrage rédigé en françois par M. Cyrille Rigaud. *Paris, Née de la Rochelle*, 1786, in-8. fig. dem. rel. Thouvenin.

SMITH (Charlotte). — A natural History of Birds, intended, chiefly for Young Persons; by Charlotte Smith. *London, Whittingam*, 1816, in-16, pap. vél. fig. 2 vol. br.

SMITH (Thomas). — Le Cabinet du jeune Naturaliste, ou Tableaux intéressans de l'Histoire des Animaux; trad. de l'angl. de Thomas Smith. *Paris, Ledoux et Tenré,* 1818, in-12. fig. 6 vol. br.

SOLDANI. — Saggio Orittografico ovvero Osservazioni sopra le Terre Nautilitiche ed Ammonitiche della Toscana; con Appendice o Indice Latino ragionato de' piccoli Testacei, e d'altri Fossili d'origin marina per schiarimento dell' opera; dal padre D. Ambrogio Soldani. *In Siena,* 1780, in-4. fig. dem. rel. Thouvenin.

SONNINI. *Voyez* BUFFON.

SOWERBY. — A Catalogue of the shells contained in the collection of the late Earl of Tankerville, arranged according to the Lamarckian conchological system; together with an Appendix, containing descriptions of many new species; by G. B. Sowerby. *London, Sowerby,* 1825, in-8. fig. color. dem. rel. Bibolet.

= The Genera of recent and fossil shells, for the use of students in conchology and geology..... Illustrated with original plates; by James Sowerby; conducted by George Brettingham Sowerby. *London, the author,* in-8. fig. color. cahiers 1 à 31, br.

Cet ouvrage se continue.

= The Mineral Conchology of Great Britain; or coloured figures and descriptions of those remains of testaceous animals or shells, which have been preserved at various times and dephts in the earth; by James Sowerby. *London, the author,* 1812 and follow. in-8. fig. color. livr. 1 à 102, br.

Cet ouvrage se continue.

= *Voyez* ZOOLOGICAL Journal.

SPALLANZANI. — Expériences pour servir à l'Histoire

de la Génération des Animaux et des Plantes; par M. l'abbé Spallanzani; avec une ébauche de l'Histoire des Êtres organisés avant leur fécondation; par Jean Senebier. *Genève, Chirol,* 1786, in-8. fig. dem. rel.

SPALLANZANI. — Opuscules de physique, animale et végétale; par M. l'abbé Spallanzani; augmentés de ses Expériences sur la digestion de l'homme et des animaux; trad. de l'italien, par J. Senebier. On y a joint plusieurs Lettres relatives à ces opuscules, écrites à M. l'abbé Spallanzani, par M. Charles Bonnet et par d'autres naturalistes célèbres. *Pavie et Paris,* 1787, in-8. 2 vol. br.

SPECIMENS of British Minerals selected from the cabinet of Philip Rashleigh, with general descriptions of each article. *London, Nicol,* in-4. pap. vél. fig. color. 2 part. carton.

SPENCE. *Voyez* KIRBY.

SPERLINGI (Johannis) Zoologia Physica posth. brevi et perspicuo ordine, ab ipso, cùm in vivis esset, autore adornata; accessit in fine, disputationum zoolog. hexas, de Basilisco, Unicornu, Phænice, Behemoth et Leviathan, Dracone ac Araneâ, M. Georgi Casp. Kirchmaieri. *Lipsiæ,* 1661, pet. in-8. v. j.

SPINOLA. — Insectorum Liguriæ species novæ aut rariores, quas in Agro Ligustico nuper detexit, descripsit, et iconibus illustravit Maximilianus Spinola, adjecto catalogo specierum auctoribus jam enumeratarum, quæ in eâdem regione passìm occurrunt. *Genuæ,* 1808, in-4. fig. 2 vol. dem. rel. Thouvenin.

SPIX. — Avium Species novæ quas in Itinere per Brasiliam collegit et descripsit J. B. de Spix. *Monachi,* 1824, in-4. fig. color. 2 vol. br.

= Testacea Fluviatilia quæ in Itinere per Brasiliam

collegit et pingenda curavit Spix, digessit, descripsit et Observationibus illustravit Wagner, ediderunt Schrank et Martius. *Monachii*, 1827, in-4. fig. color. br.

Sportsman's (the) Cabinet; or a correct delineation of the various Dogs used in the sports of the field....; by a veteran Sportsman. *London, Hurst,* 1803, in-4. pap. vél. fig. 2 vol. mar. viol. dent. tr. dor. Thouvenin.

Stark. — Elements of natural History....; by John Stark. *Edinburgh, Black,* 1828, in-8. pap. vél. fig. 2 vol br. en cart.

Stoll. — Représentation exactement colorée d'après nature des Cigales et des Punaises qui se trouvent dans les quatre parties du monde, l'Europe, l'Asie, l'Afrique et l'Amérique, rassemblées et décrites par Caspar Stoll' (en holl. et en franç.). *Amsterdam, Sepp,* 1780, in-4. fig. color. 2 tom. en 1 vol. dem. rel. dos de mar. r. n. r.

== Représentation exactement colorée d'après nature des Spectres, des Mantes, des Sauterelles, des Grillons, des Criquets et des Blattes qui se trouvent dans les quatre parties du monde, l'Europe, l'Asie, l'Afrique et l'Amérique, rassemblées et décrites par Caspar Stoll'. *Amsterdam, Sepp,* 1787, in-4. fig. color. mar. r. dent. doubl. de tab. tr. dor.

== *Voyez* Crammer.

Stradanus. Venationes Ferarum, Avium, Piscium. Pugnæ Bestiariorum; et mutuæ bestiarum, depictæ à Joanne Stradano; editæ per Nicolaum Visscher. In-fol. obl. fig. sur pap. de Ch. dem. rel. Thouvenin.

Straus-Durckheim. — Considérations générales sur l'Anatomie comparée des Animaux articulés, aux—

quelles on a joint l'Anatomie descriptive du Melolontha vulgaris (Hanneton), donnée comme exemple de l'organisation des Coléoptères ; par Hercule Straus-Durckheim. *Paris, Levrault,* 1828, in-4. et atlas in-4. carton.

Sue. — Essai sur la Physiognomonie des Corps vivans, considérée depuis l'homme jusqu'à la plante....; par J. J. Sue. *Paris, l'auteur,* an v-1797, in-8. br.

Swainson. — Zoological Illustrations, or Original Figures and Descriptions of new, rare, or interesting Animals, selected chiefly from the classes of Ornithology, Entomology, and Conchology, and arranged on the principles of Cuvier and other modern zoologists ; by William Swainson. *London, Baldwin,* 1820 à 1823, in-8. fig. color. dem. rel. dos de mar. v.

= *Voyez* Richardson.

Swammerdamii (Johannis) Historia Insectorum generalis, in quâ quæcunque ad Insecta eorumque mutationes spectant, dilucidè ex sanioris philosophiæ et experientiæ principiis explicantur, cum figuris et indicibus necessariis, ex Belgicâ Latinam fecit Henricus Christianus Henninius. *Lugd. Batavorum, apud Luchtmans,* 1685, petit in-4. fig. v. f. fil.

= Histoire générale des Insectes....; par Jean Swammerdam. *Utrecht, Walcheren,* 1682, petit in-4. fig. v. br.

= Le même ouvrage. *Utrecht, Ribbius,* 1685, petit in-4. fig. v. f.

= Johann Swammerdamm, Bibel der Natur, worinnen die Insekten in gewisse Classen vertheilt, sorgfältig beschrieben, zergliedert, in saubern Kupferstichen vorgestellt, mit vielen Anmerkungen über die Seltenheiten der Natur erleutert, und zum Beweis der

Allmacht und Weisheit des Schöpfers angewendet werden. Nebst Hermann Boerhave Vorrede von dem Leben des Verfassers. Aus dem Holländischen übersetzt. *Leipzig,* 1752, in-fol. fig. bas. rac.

SWEDENBORGII (Emanuelis) Principia Rerum Naturalium sive novorum tentaminum phœnomena mundi elementaris philosophicè explicandi cum figuris æneis. *Dresdæ et Lipsiæ, sumptibus Hekelii,* 1734, in-fol. fig. 3. vol. v. j.

SWEET. — The British Warblers. An account of the genus Sylvia; by Robert Sweet. *London,* 1823, in-8. fig. color. 3 cah. br.

SYLVIUS. — Livre de la Generation de l'Homme, tres utile et tres necessaire à sçavoir, recueilly des antiques et plus seurs (*sic*) autheurs de medecine et philosophie; par Jacques Sylvius; et depuis mis en françois par Guillaume Chrestian. *Paris,* 1559, *G. Morel,* in-8. v. rac. dent.

SYSTÈME naturel du Règne animal, par classes, familles ou ordres, genres et espèces (par de La Chenaye Des Bois). *Paris, Bauche,* 1754, in - 8. fig. 2 vol. v. m.

TAPLIN. — The Sporting Dictionary, and Rural Repository or general information upon every subject appartaining to the sports of the field; by William Taplin. *London, Vernor,* 1803, in-8. fig. 2 vol. v. gr. fil.

TARENNE. — La Cochliopérie, recueil d'expériences très curieuses sur les Hélices terrestres, vulgairement nommés Escargots; avec une instruction sur la guérison radicale des Hernies ou Descentes, sans dépense, ni aucun secours étranger; par George Tarenne. *Paris,* 1808, in-12. dem. rel. Thouvenin.

TEMMINCK. — Manuel d'Ornithologie, ou Tableau systématique des Oiseaux qui se trouvent en Europe; par. C. J. Temminck. *Amsterdam, Sepp, et Paris,* 1815, in-8 dem. rel.

TEMMINCK. — Monographies de Mammalogie, ou Description de quelques genres de Mammifères dont les espèces ont été observées dans les différens musées de l'Europe; par C. J. Temminck. *Paris, Dufour,* 1827, in-4. fig. dem. rel. tome Ier.

= Nouveau Recueil de Planches coloriées d'Oiseaux, pour servir de suite et de complément aux Planches enluminées de Buffon, édition in-fol. et in-4. de l'Imprim. Roy. 1770; publiée par C. J. Temminck et Meiffren Laugier, baron de Chartrouse, d'après les dessins de MM. Huet et Prêtre. *Paris,* 1821 et suiv. in-fol. pap. vél. fig. color. 82 livr. br.

Cet ouvrage se continue, et doit avoir 90 livr.

= Les Pigeons, par madame Knip, née Pauline de Courcelles; le texte par C. J. Themminck. *Paris,* 1811, gr. in-fol. pap. vél. fig. color. dem. rel. dos de mar. r.

= *Voyez* WERNER.

THEMMINCK. *Voyez* TEMMINCK.

THOMAS. — Mémoires pour servir à l'histoire naturelle des Sangsues; par P. Thomas. *Paris, Goujon,* 1806, in-8. fig. dem. rel. Thouvenin.

THOMPSON. — Zoological Researches, and Illustrations; by J. Thompson. *Cork,* 1828, in-8. fig. 2 cah. br.

Cet ouvrage se continue.

THORNTON. — Plates of the heart; illustrative of the circulation of the blood, and the effects of oxygen air on the blood; by Robert John Thornton. *London, Symonds,* 1799. in-fol. pap. vél. fig. color. carton. à la bradel.

Tigny. *Voyez* **Buffon.**

Tinchant. = Doctrine nouvelle sur la reproduction de l'homme, suivie du tableau des variétés de l'espèce humaine; par M. Tinchant. *Paris, Trouvé,* 1822, in-8. dem. rel. Simier.

Tiphaigne. — Essai sur l'histoire œconomique des Mers occidentales de France; par M. Tiphaigne. *Paris, Bauche,* 1760, in-8. dem. rel.

Toscan. — L'Ami de la nature, ou Choix d'observations sur divers objets de la nature et de l'art; suivi d'un Catalogue de tous les Animaux qui se trouvent actuellement dans la ménagerie; par G. Toscan. *Paris,* an viii, in-8. fig. dem. rel.

Toulouzan. *Voyez* **Gavoty.**

Tower (the) Menagerie : comprising the natural history of the Animals contained in that establishment; with Anecdotes of their characters and history. Illustrated by portraits of each, taken from life; by William Harvey; and engraved on wood by Branston and Wright. *London, Jennings,* 1829, in-8. fig. br. en cart.

Traduction d'un article des Transactions philosophiques sur le Corail (par J. A. Peysonnel). = Projet proposé à l'Académie de Marseille pour l'établissement d'un prix pour une dissertation sur l'histoire naturelle de la Mer, avec la réponse de l'Académie, et une Lettre sur cette réponse. = Diverses observations sur les courans de la mer, faites en différens endroits. *Londres,* (*Paris,*) 1756, in-12. v. m.

Traité des Oiseaux de chant, des Pigeons de volière, du Perroquet, du Faisan, du Cygne et du Paon. *Paris, Audot,* 1818, in-12. fig. br.

Traité des Pétrifications. (Par Louis Bourguet et Pierre Cartier.) *Paris, Briasson*, 1742, in-4. fig. bas. j.

Traité économique et physique des Oiseaux de basse-cour, contenant la description de ces Oiseaux.....; (par Buc'hoz). *Paris, Lacombe*, 1775, in-12. v. gr. fil.

Traités très rares, concernant l'Histoire naturelle et les Arts. *Paris, Saugrain et Lamy*, 1780, in-12. cart. savoir : Traité de l'origine des Macreuses; par feu M. de Graindorge, et mis en lumière par M. Thomas Malouin, sur l'imprimé de 1680, à Caen, chez Jean Poisson. == Traité de l'Adianton ou Cheveu de Vénus, contenant la description, les utilitez et les diverses preparations galeniques et spagyriques de cette plante.....; par Pierre Formi, sur l'imprimé de 1644, à Montpellier, chez Pierre du Buisson.

Trembley. — Mémoires pour servir à l'histoire d'un genre de Polypes d'eau douce à bras en forme de cornes; par A. Trembley. *Leide*, 1744, in-4. fig. dem. rel. dos de mar. r.

== Le même ouvrage. *Paris, Durand*, 1744, petit in-8. fig. 2 vol. v. m.

== Le même ouvrage, même édition, pap. fort, 2 vol. vélin.

Trew. — Dissertatio epistolica de differentiis quibusdam inter hominem natum et nascendum intercedentibus deque vestigiis divini numinis indè colligendis à D. Christophoro Jacobo Trew. *Norimbergæ, apud Monath*, 1736, petit in-4. fig. doubles en noir et color. v. m.

Trimmer. — A natural history of the most remarkable Quadrupeds, Birds, Fishes, Serpents, Reptiles and Insects; by Mrs Mary Trimmer. *Chiswick*, 1825, in-18. fig. sur bois, 2 vol. m. bl. dent. tr. dor. Simier.

TURTON. — British Fauna, containing a compendium of the zoology of the british Islands; by W. Turton. Vol. 1 , including the classes Mammalia, Birds, Amphibia, Fishes and Worms. *Swansea*, 1807, in-12. dem. rel. Bibolet.

= A conchological dictionary of the british Islands; by William Turton, assisted by his Daughter. *London, Booth*, 1819, in-12 fig. color. v. bl. dent. tr. dor. Bibolet.

= Conchylia Insularum Britannicarum. The Shells of the British Islands, systematically arranged; by W. Turton. *Exeter*, 1822, in-4. pap. vél. fig. color. mar. rais. de Cor. dent. tr. dor. Thouvenin.

UCCELLI (gli) di Sardegna. *Sassari*, 1776, in-8. dem. rel.

URE. — A new system of geology, in which the great revolutions of the earth and animated nature, are reconcilied at once to modern science and sacred history; by Andrew Ure. *London, Longman*, 1829, in-8. pap. vél. fig. br. en cart.

VALLOT. — Concordance systématique, servant de table de matières à l'ouvrage de Réaumur, intitulé : Mémoires pour servir à l'histoire des Insectes ; par J. N. Vallot. *Paris, Grégoire,* an x – 1802, in-4. dem. rel. Thouvenin.

VARIA Insecta, auctoribus physicis aut neglecta, aut malè descripta, additis ferè figuris, æri tàm naturali, quàm aucta microscopia magnitudine, nitidissimè incisis, accurratiùs describuntur. Cum indic. necessariis. Ex Belgicâ latinam fecit Henricus Christianus Henninius. Editio nova. *Lugduni Batavorum*, 1733, petit in-4. fig. bas. j.

VÉNUS physique. 1746, in-18, 2 parties br.

VERS solitaires et autres de diverses espèces, dont il est

traité dans le livre de la génération des Vers, représentez en plusieurs planches, avec les renvois aux
pages où il en est parlé, ou qui y ont rapport : ensemble, plusieurs remarques importantes sur ce sujet. *Paris, L. d'Houry,* 1718, in-4. fig. dem. rel.

VIEILLOT. — Analyse d'une nouvelle Ornithologie élémentaire; par L. P. Vieillot. *Paris, Déterville,* 1816,
in-8. dem. rel.

== La Galerie des Oiseaux; par M. L. P. Vieillot et par
M. P. Oudart. *Paris, Constant-Chantpie,* 1825,
in-4. fig. color. 2 tom. en 4 vol. dem. rel.

== Ornithologie Française, ou histoire naturelle, générale et particulière des Oiseaux de France; par L.
P. Vieillot. *Paris, Pélicier,* in-4. fig. color. livr. 1
à 8 br.
Ouvrage non terminé.

VIREY. — De la Femme, sous ses rapports physiologi-
que, moral et littéraire; par J. J. Virey; 2ᵉ édition.
Paris, Crochard, 1825, in-8. dem. rel.

== Histoire naturelle des Médicamens, des Alimens
et des Poisons, tirés des trois règnes de la nature.....;
par J. J. Virey. *Paris, Rémont,* 1820, in-8. dem.
rel.

== Histoire naturelle du Genre humain, nouv. édit.;
par J. J. Virey. *Paris, Crochard,* 1824, in-8. fig.
3 vol. dem. rel.

VITET. — Traité de la Sangsue médicinale; par Louis
Vitet. *Paris, Nicolle,* 1809, in-8. fig. dem. rel.
Thouvenin.

VOSMAER. — Description de différens animaux appor-
tés d'Asie et d'Afrique, dans la ménagerie de S. A.
S. le prince d'Orange; par Vosmaer. (Trad. en franç.
par Renffner.) *Amsterdam, Meijer,* 1767 à 1787,

in-4. fig. color. mar. r. à compart. doublé de tab. tr. dor.

VOYAGE des Élèves du pensionnat de l'École centrale de l'Eure, dans la partie occidentale du départe-ment, pendant les vacances de l'an huit; avec des observations, des notes et plusieurs gravures rela-tives à l'Histoire naturelle, l'Agriculture, les Arts, etc. *Evreux, Ancelle,* an x, in-8. fig. dem. rel.

WAGLER. — Systema Avium authore Wagler. *Stutt-gartiæ, Cotta,* 1827, in-12. dem. rel. Thouvenin.

WAGNER. *Voyez* SPIX.

WALCKENAER. — Faune parisienne, Insectes; ou His-toire abrégée des Insectes des environs de Paris.....; par C. A Walckenaer. *Paris, Dentu,* an XI, 1802, in-8. fig. 2 vol. dem. rel. Thouvenin.

== Mémoires pour servir à l'Histoire naturelle des Abeilles solitaires qui composent le genre Halicte; par C. A. Walckenaer. *Paris,* 1817, in-8. gr. pap. vél. fig. color. carton.

WERNER. — Atlas des Oiseaux d'Europe, pour servir de complément au Manuel d'Ornithologie de M. Tem-minck; par J. C. Werner. *Paris, Belin,* 1827 et années suiv., in-8. fig. color. livr. 1 à 14.
Cet ouvrage se continue.

WIED-NEUWIED. — Abbildungen zur Naturgeschichte Brasiliens, herausgegeben von Maximilian, Prinzen von Wied-Neuwied. *Weimar,* 1822 et années suiv. in-fol. fig. color. livr. 1 à 11.
Cet ouvrage se continue.

WILLUGHBEII (Francisci) de Historiâ Piscium libri quatuor..... Totum opus recognovit, coaptavit, sup-plevit, librum etiam primum et secundum integros adjecit Johannes Raius. *Oxonii,* 1686, in-fol. fig. v. j.

== Ornithologiæ libri tres..... Totum opus recognovit,

digessit, supplevit Joannes Raius. *Londini, im-pensis Martyn*, 1676, in-fol. fig. v. br.

WILSON. — American Ornithology, or the natural History of the Birds of the United States; by Alexander Wilson. *Philadelphia, Bradford*, 1808 à 1814. gr. in-4. pap. vélin. fig. color. 9 vol. br. en cart.

WODARCH's introduction to the study of conchology....; third edition, with considerable additions and alterations; by J. Mawe. *London, Longman*, 1829, in-8. fig. color. dem. rel. Bibolet.

WOLF. — Abbildungen und Beschreibungen merkwürdiger Naturgeschichtlicher Gegenstände von D^r. und professor Johann Wolf. *Nürnberg*, 1818, in-4. fig. color. 2 vol. dem. rel.

= *Voyez* MEYER.

WONDERS (the) of the Universe, or curiosities of Nature and art..... *London, Jones*, 1827, in-8. fig. 2 vol. br. en cart.

WOOD. — Catalogue of an extensive and valuable collection of the best works on Natural History, arranged in classes according to the Linnean system. With an enumeration of the pages and plates each volume contains; by William Wood. *London*, 1824, in-8. fig. color. br. en cart.

= Index Testaceologicus, or a Catalogue of shells british and foreign, arranged according to the Linnean system....; illustrated with 2,300 fig.; by W. Wood. *London, Wood*, 1825, in-8. fig. color. carton. = Supplement to the Index Testaceologicus....; illustrated with 480 figures; by W. Wood. *London, Wood*, 1828, in-8. fig. color. carton. = A List of the plates of « Index Testaceologicus », with the Lamarckian names adapted to the figures in each plate. *London, W. Wood*, 1829, in-8. br.

Wood. == Zoography; or, the Beauties of Nature displayed; in select descriptions from the animal, and vegetable, with additions from the mineral kingdom; systematically arranged; by W. Wood. *London, Cadell,* 1807, in-8. fig. 3 vol. br. en cart.

Worm. — Museum Wormianum, seu historia rerum rariorum, tàm naturalium quàm artificialium, tàm domesticarum quàm exoticarum, quæ Hafniæ Danorum in ædibus authoris servantur; adornata ab Olao Worm. *Amstelodami, apud Lud. et Dan. Elzevirios,* 1655, in-fol. fig. v. br.

Wurffbainius. — Salamandrologia, h. e. Historico-philologico - philosophico - medica Salamandræ quæ vulgò in igne vivere creditur, S. R. J. Academiæ naturæ curiosis exhibita, atq. novis aliquot capitibus, experimentis, figurisq. æri eleganter incisis, nec non rerum et verborum indice adaucta, studio et operâ Joh. Pauli Wurffbainii. *Norimbergæ,* 1683, in-4. fig. dem. rel. Thouvenin.

Wyder. — Essai sur l'Histoire Naturelle des Serpens de la Suisse; par J. F. Wyder. *Lausanne,* 1823, in-8., fig. color. br.

Young.— A Geological Survey of the Yorkshire Coast; describing the Strata and Fossils occurring between the Humber and the Tees, from the German Ocean to the plain of York; by the Rev. George Young, assisted by John Bird, artist. 2ᵈ edition. *Whitby,* 1828, in-4. pap. vél. fig. br. en cart.

Zahn. — Specula physico-mathematico-historica notabilium ac mirabilium sciendorum....Authore Joanno Zahn. *Norimbergæ, sumptibus Lochner,* 1696, in-fol. fig. 3 vol. v. éc.

Zimmermann. — Specimen Zoologiæ geographicæ, quadrupedum domicilia et migrationes sistens; dedit, tabulamque mundi zoographicam adjunxit Eberh. Aug. Guillelm. Zimmermann. *Lugduni Batavorum, apud Haak.* 1777, in-4. carte. v. m.

ZIMMERMANN. — Zoologie géographique : premier article, l'Homme ; par E. A. G. Zimmermann. *De l'Imprim. française de Cassel*, 1784, in-8. dem. rel. Thouvenin.

ZOOLOGICAL (the) Journal ; conducted by Thomas Bell, John George Children, James de Carle Sowerby, and G. B. Sowerby. *London*, 1824, and follow. in-8. fig. color. 16 livr. Les 2 premiers vol. en dem. rel. dos de cuir de Russie, Bibolet ; le reste broché.

Cet ouvrage se continue.

FIN.